TÄIELIK HANNUKA PÜHADE KOKARAAMAT

Pidulik kokaraamat valgusfestivali tähistamiseks. 100 maitsvat retsepti traditsiooniliste ja moodsate hannuka einete, suupistete ja magustoitude jaoks

Svetlana Mägi

Autoriõigus materjal ©2023

Kõik õigused kaitstud

Ilma kirjastaja ja autoriõiguste omaniku nõuetekohase kirjaliku nõusolekuta ei saa seda raamatut ühelgi viisil, kujul ega kujul kasutada ega levitada, välja arvatud arvustuses kasutatud lühikeste tsitaatide puhul. Seda raamatut ei tohiks pidada meditsiiniliste, juriidiliste või muude professionaalsete nõuannete asendajaks.

SISUKORD

SISUKORD 3
SISSEJUHATUS 6
1. Õunakastme pätsikook 7
2. Veiseliha ja kapsas õhtusöögiks 9
3. Brokkoli riisi pajaroog 11
4. Punased läätsed Latkes 13
5. Spinati-kartulipannkoogid 15
6. Täisterast küüslaugust leivapulgad 17
7. Hannukah sibularõngad 19
8. Kodune hapukoor 21
9. Apelsini-salvei oliiviõli kook 23
10. Lihtne Sufganiyot 25
11. Hannukah Gelt Fudge 27
12. Küpsetatud spinat ja juust 29
13. Või-mündiküpsised 31
14. Röstitud maguskartul ja värsked viigimarjad 33
15. Na'ama rasvane 35
16. Beebi spinati salat datlite ja mandlitega 37
17. Röstitud baklažaan praetud sibulaga 39
18. Röstitud squash za'atariga 42
19. Fava Bean Kuku 44
20. Toorartišoki & ürdisalat 47
21. Segaoasalat 49
22. Sidruni porru lihapallid 52
23. Hannukah Kohlrabi salat 54
24. Labnehiga juurviljasalv 56
25. Praetud tomatid küüslauguga 58
26. Püreestatud peet jogurti ja za'atariga 60
27. Šveitsi mangoldi fritüürid 62
28. Vürtsidega kikerherned ja köögiviljasalat 64
29. Chermoula baklažaan Bulguri ja jogurtiga 67
30. Praetud lillkapsas tahiniga 70
31. Röstitud lillkapsa ja sarapuupähkli salat 73
32. A'ja (leivapraad) 75
33. Vürtsikas porgandisalat 77
34. Hannukah Shakshuka 79
35. Butternut Squash & Tahini Spread 81
36. Vürtsikas peedi-, porru- ja pähklisalat 83
37. Söestunud Okra tomatiga 86
38. Põletatud baklažaan granaatõunaseemnetega ... 88

39. Peterselli ja odra salat 90
40. Turske suvikõrvitsa ja tomati salat 92
41. Tabbouleh 95
42. Röstitud kartul karamelli ja ploomidega 97
43. Šveitsi mangold tahiini, jogurti ja võiga määritud männipähklitega ... 100
44. Hannukah Sabih 103
45. Latkes 106
46. Hannukah Falafel 108
47. Nisumarjad ja Šveitsi mangold granaatõunamelassiga 111
48. Hannukah Balilah 113
49. Basmati riis & orzo 115
50. Safraniriis lodjamarjade, pistaatsia ja ürtidega 117
51. Basmati ja metsik riis kikerherneste, sõstarde ja ürtidega 119
52. Odrarisotto marineeritud fetaga 122
53. Conchiglie jogurti, herneste ja tšiiliga 125
54. Mejadra 127
55. Hannukah Maqluba 130
56. Kuskuss tomati ja sibulaga 134
57. Vesikressi-kikerhernesupp roosiveega 136
58. Kuum jogurti- ja odrasupp 139
59. Cannellini oa- ja lambalihasupp 141
60. Mereandide ja apteegitilli supp 144
61. Pistaatsia supp 147
62. Põletatud baklažaani ja mograbiehi supp 150
63. Tomati ja juuretisega supp 153
64. Selge kanasupp knaidlachiga 155
65. Vürtsikas freekeh supp lihapallidega 158
66. Lambatäidisega küdoonia granaatõuna ja koriandriga 161
67. Naeris ja vasikaliha "kook" 164
68. Hannukah Täidisega sibul 167
69. Hannukah Open Kibbeh 170
70. Kubbeh hamust 173
71. Täidetud Romano paprika 176
72. Täidetud baklažaan lamba- ja männipähklitega 179
73. Täidisega kartul 182
74. Täidetud artišokid herneste ja tilliga 185
75. Röstitud kana maapirniga 188
76. Pošeeritud kana freekehiga 190
77. Kana sibula ja kardemoni riisiga 193
78. Tükeldatud maks 196
79. Safrani kana ja ürdisalat 199
80. Hannukah Kana sofrito 202

81. Hannukah Kofta B'siniyah 205
82. Veiselihapallid Fava ubade ja sidruniga 208
83. Lambalihapallid lodjamarjade, jogurti ja ürtidega 211
84. Türgi ja suvikõrvitsa burgerid rohelise sibula ja köömnetega 214
85. Polpettone 217
86. Hautatud munad lambaliha, tahiini ja sumakiga 220
87. Aeglaselt küpsetatud vasikaliha ploomide ja porrulauguga 223
88. Hannukah Lamb shawarma 226
89. Panfried Sea Bass koos Harissa & Rose'iga 229
90. Kala ja kappari kebab põletatud baklažaani ja sidrunihapukurgiga 232
91. Praetud makrell kuldse peedi ja apelsini salsaga 235
92. Turskakoogid tomatikastmes 238
93. Grillitud kalavardad hawayej & peterselliga 241
94. Fricassee salat 244
95. Krevetid, kammkarbid ja karbid tomati ja fetaga 247
96. Lõhepihvid Chraimeh kastmes 250
97. Marineeritud Sweet & Sour Fish 253
98. Punase pipra ja küpsetatud munagaletid 256
99. Hannukah Telliskivi 259
100. Sfiha või Lahm Bi'ajeen 261

KOKKUVÕTE 264

SISSEJUHATUS

Tere tulemast TÄIELIK HANNUKA PÜHADE KOKARAAMAT'sse, ülimasse kokaraamatusse valgusfestivali tähistamiseks! Hannukah on pere, sõprade ja maitsva toidu aeg ning selles kokaraamatus on kõik vajalik, et luua meeldejäävaid eineid ja maiuseid, mis rõõmustavad teie lähedasi.

Sellest kokaraamatust leiate laias valikus traditsioonilisi ja kaasaegseid Hannukah retsepte alates klassikalistest latkedest ja rinnatükkidest kuni traditsiooniliste lemmikute, nagu sufganiyot (tarretisesõõrikud) ja challah loominguliste keerdudeni. Olenemata sellest, kas olete kogenud kokk või köögis algaja, on neid retsepte lihtne järgida ja need aitavad teil luua maitsvaid Hannukah-toite, suupisteid ja magustoite, mis kõigile meeldivad.

Kuid "Hannuka rõõm" on midagi enamat kui lihtsalt kokaraamat – see on juudi kultuuri ja traditsioonide tähistamine. Kogu raamatu jooksul saate teada Hannuka ajaloost ja tähendusest, samuti lugudest ja traditsioonidest, mis muudavad selle püha nii eriliseks.

Nii et olenemata sellest, kas otsite oma Hannuka menüü jaoks inspiratsiooni või soovite lihtsalt selle armastatud puhkuse kohta rohkem teada saada, on TÄIELIK HANNUKA PÜHADE KOKARAAMAT ideaalne kaaslane. Hakkame kokkama ja tähistame valgusfestivali stiilselt!

Hannukah, tulede festival, kokaraamat, traditsiooniline, kaasaegne, retseptid, latkes, rinnatükk, sufganiyot, challah, juudi kultuur, traditsioon, puhkus, menüü, inspiratsioon, tähistamine.

1. Õunakastme pätsikook

Saagis: 16 portsjonit

KOOSTISOSAD
- 1/2 tassi kreeka pähkleid (hakitud)
- 1 1/2 tassi õunakastet
- 1 muna
- 1 tass suhkrut
- 2 spl õli
- 1 tl vaniljeekstrakti
- 2 tassi jahu (üldotstarbeline)
- 2 tl söögisoodat
- 1/2 tl kaneeli (jahvatatud)
- 1/2 tl muskaatpähklit (jahvatatud)
- 1 tass rosinaid

JUHISED
a) Peske käed hästi seebi ja sooja veega.
b) Eelsoojendage ahi 350 kraadini. Määrige 2 (8x4x2 tolli) leivavormi.
c) Rösti kreeka pähklid määrimata pannil. Sega keskmisel-madalal kuumusel kuumutades 5-7 minutit. Need valmivad siis, kui need on pruunid ja lõhnavad pähkliselt. Tõsta kõrvale jahtuma.
d) Sega õunakaste, muna, suhkur, õli ja vanill suures kausis.
e) Sega väiksemas kausis jahu, sooda, kaneel ja muskaatpähkel.
f) Vala jahusegu õunakastme segusse.
g) Sega hulka rosinad ja jahtunud röstitud pähklid.
h) Vala pool taignast igasse võiga määritud vormi. Küpseta 45-55 minutit.
i) Eemaldage koogid ahjust. Jahuta 10 minutit. Jahutuse lõpetamiseks eemaldage vormidest. Parima maitse saavutamiseks laske kookidel enne serveerimist paar tundi jahtuda.

2. Õhtusöögiks veiseliha ja kapsas

Saagis: 4 portsjonit

KOOSTISOSAD
- 1 rohelise kapsa pea (pestud ja hammustussuurusteks tükkideks lõigatud)
- 1 sibul, keskmine (hakitud)
- 1 nael jahvatatud veiseliha, lahja (15% rasva)
- mittenakkuva toiduvalmistamissprei
- 1 tl küüslaugupulbrit
- 1/4 tl musta pipart
- sool (maitse järgi, valikuline)
- punase pipra helbed (maitse järgi, valikuline)

JUHISED
a) Haki kapsas ja sibul, tõsta kõrvale.
b) Küpseta suurel pannil veisehakkliha keskmisel kuumusel pruuniks. Nõruta rasv. Tõsta veiseliha kõrvale.
c) Pihustage pannile mittenakkuva küpsetuspihustiga. Prae sibulat keskmisel kuumusel pehmeks.
d) Lisa sibulatele kapsas ja küpseta, kuni kapsas hakkab pruunistuma.
e) Sega veiseliha kapsa-sibulasegu hulka.
f) Maitsesta küüslaugupulbri, soola (valikuline) ja pipraga. Lisage kapsale punase pipra helbed (valikuline), kui teile meeldib see vürtsikas.

3. Brokkoli riisi pajaroog

Saagis: 12 portsjonit

KOOSTISOSAD

- 1 1/2 tassi riisi
- 3 1/2 tassi vett
- 1 sibul (keskmine, tükeldatud)
- 1 purk seene- või kana- või selleri- või juustusuppi (10 3/4 untsi, kondenseeritud)
- 1 1/2 tassi piima (1%)
- 20 untsi brokolit või lillkapsast või segaköögivilju (külmutatud, tükeldatud)
- 1/2 naela juustu (riivitud või viilutatud)
- 3 supilusikatäit magariini (või võid)

JUHISED

a) Kuumuta ahi 350 kraadini ja määri 12x9x2-tolline küpsetusvorm.
b) Sega potis riis, sool ja 3 tassi vett ning kuumuta keemiseni.
c) Kata kaanega ja hauta 15 minutit. Eemaldage kastrul tulelt ja asetage veel 15 minutiks kõrvale.
d) Prae sibul margariinis (või võis) pehmeks.
e) Segage supp, piim, 1/2 tassi vett, sibul ja riis. Tõsta segu lusikaga ahjuvormi.
f) Sulata ja nõruta köögiviljad ning laota seejärel riisisegule.
g) Laota peale juust ühtlaselt ja küpseta 350 kraadi juures 25-30 minutit, kuni juust on sulanud ja riis mulliline.

4. Punase läätse Latkes

Saagis: 4 portsjonit

KOOSTISOSAD
- 1/2 tassi kuivi punaseid läätsi
- 1 kartul, keskmise riiviga (umbes 1/2 naela, koorimine on valikuline)
- 1 suur muna
- 1 küüslauguküüs, peeneks viilutatud
- 2 spl parmesani juustu, riivitud või muud juustu
- 1 tilk kuuma kastet (1-2 tilka, valikuline)
- 1/4 teelusikatäit soola
- must pipar (maitse järgi, valikuline)
- 2 spl rapsiõli (või oliiviõli küpsetamiseks)

JUHISED

a) Lisa läätsed keskmisesse kastrulisse ja lisa vett, et need oleksid umbes tolli võrra kaetud. Kuumuta keemiseni, seejärel alanda kuumust ja keeda, kuni see on pehme, umbes 15 minutit. Nõruta ja tõsta kõrvale.

b) Vahepeal eemalda kartulist liigne vesi: võid seda peotäie kaupa pigistada või kogu kuhja puhtale käterätikule panna ja välja väänata.

c) Murra muna keskmises kausis ja klopi kergelt läbi. Kui kasutate neid keskmises kausis, lisage kartul, keedetud läätsed, küüslauk, roheline sibul ning juust ja kuum kaste. Lisage sool ja jahvatatud must pipar ning segage, kuni see on segunenud.

d) Kuumuta suur pann keskmisel kuumusel, seejärel lisa tilk õli (1-2 supilusikatäit). Partiidena töötades lisage kartuli-läätsesegu tükid (ligikaudu golfipalli suurused või veidi suuremad tükid, mis sobivad hästi) ja tasandage igaüks kohe, kui see on pannil, muutes need umbes ühekordseks. poole tolli paksune.

e) Küpseta umbes 4-5 minutit mõlemalt poolt, kuni latked on sügavalt kuldpruunid ja läbi küpsenud. Lisa pannile iga järgmise partii jaoks veidi rohkem õli. Serveerige kohe või hoidke latke kuni tund 200 °F ahjus soojas.

5. Spinati kartulipannkoogid

Saagis: 4 portsjonit

KOOSTISOSAD
- 2 tassi suvikõrvitsat, tükeldatud
- 1 keskmine kartul (kooritud ja tükeldatud)
- 1/4 tassi sibulat, peeneks hakitud
- 1/4 teelusikatäit soola
- 1/4 tassi täistera nisujahu
- 1 1/2 tassi spinatit, hakitud ja aurutatud
- 1/2 tl pipart
- 1/4 tl jahvatatud muskaatpähklit
- 1 muna, lahtiklopitud
- õunakaste (valikuline)

JUHISED
a) Kombineerige kausis esimesed kaheksa koostisosa.
b) Sega juurde muna ja sega korralikult läbi.
c) Tõsta taigen 1/4 tassitäite kaupa hästi määritud kuumale küpsetusplaadile ja lameda, et moodustada pätsikesed.
d) Prae kuni kuldpruunini; pööra ja küpseta, kuni teine pool on kergelt pruunistunud. Nõruta paberrätikutel ja serveeri soovi korral koos õunakastmega.

6. Täisterast küüslaugust leivapulgad

Saagis: 6 portsjonit

KOOSTISOSAD:
- 6 viilu leiba (100% täistera)
- 2 spl oliiviõli
- 1/2 tl küüslaugupulbrit
- 1 Itaalia maitseaine (vajadusel, peale puistamiseks)

JUHISED
a) Määri iga saiaviilu ühe teelusikatäie õliga.
b) Puista peale küüslaugupulber ja Itaalia maitseaine.
c) Virna leib ja lõika iga viil 3 võrdseks osaks.
d) Küpseta 300 kraadi juures umbes 25 minutit või kuni see on krõbe ja kergelt pruunikas.

7. Hannukah sibularõngad

KOOSTISOSAD:
- 3 suurt sibulat
- 1 tass maisijahu
- 1 tass jahu
- 2 tl soola
- 1 tass jogurtit
- 1 tass piima
- Jahvatatud pipar
- Õli praadimiseks

JUHISED

a) Kuumuta suures potis umbes ¾" õli temperatuurini 350 °F. Sega väikeses kausis piim ja jogurt. Sega teises kausis maisijahu, jahu, sool ja pipar.
b) Viiluta sibul ja eralda rõngad. Leota rõngaid mõni minut piima ja jogurti segus.
c) Järgmisena tõmmake mõlemad pooled läbi jahusegu ja asetage tangide abil rõngad õli sisse. Küpseta rõngaid, kuni need on lihtsalt kuldsed.
d) Tõsta paberrätikule ja hoia 200° F ahjus soojas.

8. Kodune hapukoor

KOOSTISOSAD:
- ¼ tassi piima
- 1 tass rasket koort
- ¾ teelusikatäit destilleeritud valget äädikat

JUHISED
a) Sega piim ja äädikas ning lase 10 minutit seista. Vala paks koor purki.
b) Segage piimasegu, katke purk ja laske 24 tundi toatemperatuuril seista.
c) Enne kasutamist jahutada.

9. Apelsini-salvei oliiviõli kook

KOOSTISOSAD:
KOOK:
- 4 muna
- 1 tass suhkrut
- ½ tassi ekstra neitsioliiviõli
- ¼ tassi apelsinimahla
- 2 spl apelsini koort
- 1 spl peeneks hakitud värsket salvei
- 1 ½ tassi universaalset jahu
- 1 spl küpsetuspulbrit
- ½ teelusikatäit soola
- ½ tl kaneeli

Apelsini glasuur:
- 1 tass tuhksuhkrut
- 2 spl apelsinimahla

JUHISED

a) Kuumuta ahi temperatuurini 350 ° F ja määri 1 suur leivavorm. Vahusta mikseriga munad suhkruga 2 minutit, kuni segu muutub kohevaks. Kui mikser töötab madalal kuumusel, nirista sisse oliiviõli ja apelsinimahl. Voldi sisse apelsinikoor ja salveilehed.
b) Eraldi segamiskausis sega jahu, küpsetuspulber, sool ja kaneel.
c) Lisa kuivsegu märjale seismikseriga ja blenderda ühtlaseks massiks.
d) Vala tainas leivavormi. Küpseta kooki 30-35 minutit. Tõsta kook pannile 15 minutiks kõrvale, seejärel tõsta restile täielikult jahtuma.
e) Vahusta segamisnõus tuhksuhkur ja apelsinimahl. Kui kook on jahtunud, nirista peale glasuur ja tõsta kõrvale, kuni glasuur on tahenenud.

10. Lihtne Sufganiyot

KOOSTISOSAD:
- Üks rull poest ostetud biskviittainas
- Rapsiõli, praadimiseks
- Väike kauss suhkruga, valge või pulbriline
- ½ tassi moosi Õli

JUHISED
a) Lase tainal 20 minutit toatemperatuuril seista, et seda oleks lihtne lahti rullida.
b) Rulli tainas jahusel pinnal lahti, kuni see on ½ tolli paksune. Lõika välja 2 ½" või 3" ringid.
c) Täitke pott 2" õliga ja soojendage seda temperatuurini 360 ° F.
d) Prae tainast, kuni mõlemad pooled on sügavpruunid. Katsetage ühte, et veenduda, et need pole keskelt taignased. Tõsta sõõrikud paberrätikule, tupsuta maha liigne rasv ja määri üle suhkruga.
e) Täida presspudeli abil moosiga.

11. Hannukah Gelt Fudge

KOOSTISOSAD
- 3 tassi poolmagusaid šokolaaditükke
- 1 purk magustatud kondenspiima
- 1 tl vanilli
- ¼ teelusikatäit soola

JUHISED
a) Sega kausis šokolaaditükid ja kondenspiim ning kuumuta mikrolaineahjus 1 minut.
b) Sega ühtlaseks. Kui vajate rohkem aega, jätkake kuumutamist mikrolaineahjus 10-sekundiliste sammudega.
c) Lisa vanill ja sool ning sega läbi. Laota vahatatud paberiga kaetud nõusse. Tõsta ½ tunniks külmkappi. Lõika fudge soovitud kujunditeks ja mähi fooliumisse.
d) Hoia fudge'i kuni söömiseks valmis.

12. Küpsetatud spinat ja juust

KOOSTISOSAD
- Mittenakkuv toiduvalmistamissprei
- 2 tervet muna pluss 2 munavalget
- ¾ tassi piima
- 3 viilu päevavanust heledat leiba, lõigatud väikesteks kolmnurkadeks
- 1 tass värsket spinatit, peeneks hakitud
- ½ tassi hakitud parmesani juustu

JUHISED

a) Kuumuta ahi temperatuurini 350° F. Vooderda 8-tollise vedruvormi põhi küpsetuspaberiga ja pihusta nakkumatu küpsetusspreiga. Vahusta keskmises kausis munad ja munavalged vahuks.

b) Lisa piim, spinat ja juust. Sega segamiseks. Vala ettevalmistatud pannile.

c) Kasta kuivatatud saiakolmnurgad segusse. Kui need on seguga kaetud, tõstke kahvliga iga tüki üks ots nii, et need paistaksid ülevalt välja.

d) Küpseta kaaneta, kuni see on kergelt pruunistunud, umbes 20-30 minutit.

e) Võta ahjust välja ja jahuta. Lõdvendage servad, lõigates väljast noaga ümber. Eemalda pannilt ja aseta kuumakindlale plaadile.

13. <u>**Või-mündiküpsised**</u>

KOOSTISOSAD

- 1 tass võid, pehmendatud
- ½ tassi kondiitri suhkrut
- 1 ½ tl piparmündi ekstrakti
- 1 ¾ tassi universaalset jahu
- Rohelist värvi suhkur

JUHISED

a) Sega suures kausis koorvõi ja kondiitri suhkur heledaks ja kohevaks. Klopi sisse ekstrakt. Lisa vähehaaval jahu ja sega korralikult läbi. Rulli supilusikatäit tainast pallikesed.
b) Asetage määrimata küpsetusplaatidele 1 tolli kaugusel; tasandage värvilisse suhkrusse kastetud klaasiga. Küpsetage temperatuuril 350 ° F 12–14 minutit või kuni see on kindel.
c) Tõsta restidele jahtuma. Saagis: 3 tosinat.

14. Röstitud maguskartul ja värsked viigimarjad

Valmistab: 4

KOOSTISOSAD

- 4 väikest maguskartulit (2¼ naela / 1 kg kokku)
- 5 spl oliiviõli
- 3 spl / 40 ml palsamiäädikat (võite kasutada pigem kaubanduslikku kui esmaklassilist laagerdussorti)
- 1½ spl / 20 g ülipeent suhkrut
- 12 rohelist sibulat, poolitatud pikuti ja lõigatud 1½ tolli / 4 cm tükkideks
- 1 punane tšilli, õhukeselt viilutatud
- 6 küpset viigimarja (8½ untsi / 240 g kokku), neljaks lõigatud
- 5 untsi / 150 g pehmet kitsepiimajuustu (valikuline)
- Maldoni meresool ja värskelt jahvatatud must pipar

JUHISED

a) Kuumuta ahi temperatuurini 475 °F / 240 °C.
b) Pese bataat, poolita need pikuti ja lõika siis kumbki pool uuesti sarnaselt 3 pikaks viiluks. Segage 3 spl oliiviõli, 2 tl soola ja mõne musta pipraga. Laota viilud küpsetusplaadile, nahk allpool, ja küpseta umbes 25 minutit, kuni need on pehmed, kuid mitte pudrused. Eemaldage ahjust ja laske jahtuda.
c) Balsamico reduktsiooni tegemiseks asetage palsamiäädikas ja suhkur väikesesse kastrulisse. Kuumuta keemiseni, seejärel alanda kuumust ja hauta 2–4 minutit, kuni see pakseneb. Eemaldage pann kindlasti tulelt, kui äädikas on veel vedelam kui mesi; see pakseneb jahtudes edasi. Segage enne serveerimist tilk vett, kui see muutub tibumiseks liiga paksuks.
d) Laota bataadid serveerimisvaagnale. Kuumuta ülejäänud õli keskmisel kastrulis keskmisel kuumusel ning lisa roheline sibul ja tšilli. Prae 4–5 minutit, sageli segades, et tšillit mitte põletada. Vala maguskartulile lusikaga õli, sibul ja tšilli. Tõsta viigimarjad viilude vahele ja nirista seejärel palsamikaltsu peale. Serveeri toatemperatuuril. Kui kasutad, murenda peale juust.

15. Na'ama on rasvane

Mark: 6
KOOSTISOSAD
- 1 tass / 200 g kreeka jogurtit ja ¾ tassi pluss 2 spl / 200 ml täispiima või 1⅔ tassi / 400 ml petipiima (asendades nii jogurti kui ka piima)
- 2 suurt vananenud Türgi vormileiba või naani (9 untsi / 250 g kokku)
- 3 suurt tomatit (kokku 13 untsi / 380 g), lõigatud ⅔-tollisteks / 1,5 cm kuubikuteks
- 3½ untsi / 100 g redist, õhukeselt viilutatud
- 3 Liibanoni või minikurki (9 untsi / 250 g kokku), kooritud ja hakitud 1,5 cm kuubikuteks
- 2 rohelist sibulat, õhukeselt viilutatud
- ½ untsi / 15 g värsket piparmünti
- 1 unts / 25 g lamedate lehtedega peterselli, jämedalt hakitud
- 1 spl kuivatatud piparmünt
- 2 küüslauguküünt, purustatud
- 3 spl värskelt pressitud sidrunimahla
- ¼ tassi / 60 ml oliiviõli, millele lisandub veel tilk
- 2 spl siidri või valge veini äädikat
- ¾ tl värskelt jahvatatud musta pipart
- 1½ tl soola
- 1 spl sumahhi või rohkem maitse järgi, kaunistuseks

JUHISED
a) Kui kasutate jogurtit ja piima, alustage vähemalt 3 tundi ja kuni päev varem, pannes mõlemad kaussi. Klopi korralikult läbi ja jäta jahedasse kohta või külmkappi seisma, kuni pinnale tekivad mullid. See, mida saate, on omatehtud pett, kuid vähem hapu.

b) Rebi leib suupärasteks tükkideks ja pane suurde segamisnõusse. Lisage oma kääritatud jogurtisegu või kaubanduslik petipiim, seejärel ülejäänud koostisosad, segage hästi ja jätke 10 minutiks, et kõik maitsed ühineksid.

c) Tõsta rasvaine lusikaga serveerimiskaussidesse, nirista peale veidi oliiviõli ja kaunista ohtralt sumakiga.

16. Beebi-spinati salat datlite ja mandlitega

Valmistab: 4

KOOSTISOSAD

- 1 spl valge veini äädikat
- ½ keskmist punast sibulat, õhukeselt viilutatud
- 3½ untsi / 100 g kivideta Medjooli datleid, pikuti neljandikku
- 2 spl / 30 g soolamata võid
- 2 spl oliiviõli
- 2 väikest pitat, umbes 3½ untsi / 100 g, jämedalt rebitud 1½-tollisteks / 4 cm tükkideks
- ½ tassi / 75 g terveid soolamata mandleid, jämedalt hakitud
- 2 tl sumakit
- ½ tl tšillihelbeid
- 5 untsi / 150 g beebispinati lehti
- 2 spl värskelt pressitud sidrunimahla
- soola

JUHISED

a) Pange äädikas, sibul ja datlid väikesesse kaussi. Lisa näpuotsaga soola ja sega kätega korralikult läbi. Laske 20 minutit marineerida, seejärel tühjendage äädikajäägid ja visake ära.

b) Samal ajal kuumuta või ja pool oliiviõli keskmisel kuumusel keskmisel pannil. Lisa pita ja mandlid ning küpseta 4–6 minutit kogu aeg segades, kuni pita on krõmpsuv ja kuldpruun. Eemaldage tulelt ja segage hulka sumakk, tšillihelbed ja ¼ teelusikatäit soola. Tõsta kõrvale jahtuma.

c) Kui olete serveerimiseks valmis, visake spinatilehed koos pitaseguga suurde segamisnõusse. Lisage datlid ja punane sibul, ülejäänud oliiviõli, sidrunimahl ja veel üks näputäis soola. Maitsesta maitsestamist ja serveeri kohe.

17. Röstitud baklažaan praetud sibulaga

Valmistab: 4
KOOSTISOSAD
- 2 suurt baklažaani, pikuti poolitatud koos varrega (kokku umbes 1⅔ naela / 750 g)
- ⅔ tassi / 150 ml oliiviõli
- 4 sibulat (kokku umbes 1¼ naela / 550 g), õhukesteks viiludeks
- 1½ rohelist tšillit
- 1½ tl jahvatatud köömneid
- 1 tl sumakit
- 1¾ untsi / 50 g fetajuustu, purustatud suurteks tükkideks
- 1 keskmine sidrun
- 1 küüslauguküüs, purustatud
- soola ja värskelt jahvatatud musta pipart

JUHISED

a) Kuumuta ahi temperatuurini 425 °F / 220 °C.
b) Lõika iga baklažaani lõikekülg ristmustriga. Pintselda lõikekülgi 6½ spl / 100 ml õliga ning puista üle rohkelt soola ja pipraga. Asetage küpsetusplaadile, lõikepool üleval, ja röstige ahjus umbes 45 minutit, kuni viljaliha on kuldpruun ja täielikult küpsenud.
c) Baklažaanide röstimise ajal lisage ülejäänud õli suurele praepannile ja asetage kõrgele kuumusele. Lisage sibul ja ½ tl soola ning küpseta 8 minutit, sageli segades, et sibula osad muutuksid tõeliselt tumedaks ja krõbedaks. Seemne ja tükelda tšillid, hoides tervet poolest eraldi. Lisa jahvatatud köömned, sumahk ja kogu hakitud tšilli ning küpseta veel 2 minutit enne feta lisamist. Keeda viimane minut, mitte palju segades, seejärel eemalda tulelt.
d) Kasutage sidrunilt koore ja sisemuse eemaldamiseks väikest sakilist nuga. Tükeldage viljaliha jämedalt, visake seemned ära ning asetage viljaliha ja mahlad koos ülejäänud ½ tšilli ja küüslauguga kaussi.
e) Pange roog kokku kohe, kui baklažaanid on valmis. Tõsta röstitud pooled serveerimisnõusse ja määri viljalihale lusikaga sidrunikastet. Kuumuta sibulat veidi ja tõsta lusikaga peale. Serveeri soojalt või tõsta kõrvale toatemperatuurile.

18. Röstitud squash za'atariga

Valmistab: 4
KOOSTISOSAD
- 1 suur kõrvits (kokku 2½ naela / 1,1 kg), lõigatud ¾ x 2½ tolli / 2 x 6 cm viiludeks
- 2 punast sibulat, lõigatud 1¼-tollisteks / 3 cm viiludeks
- 3½ spl / 50 ml oliiviõli
- 3½ sl heledat tahini pastat
- 1½ spl sidrunimahla
- 2 spl vett
- 1 väike küüslauguküüs, purustatud
- 3½ spl / 30 g piiniaseemneid
- 1 spl za'atari
- 1 spl jämedalt hakitud lamedate lehtedega peterselli
- Maldoni meresool ja värskelt jahvatatud must pipar

JUHISED
a) Kuumuta ahi temperatuurini 475 °F / 240 °C.
b) Pange kõrvits ja sibul suurde segamisnõusse, lisage 3 supilusikatäit õli, 1 tl soola ja veidi musta pipart ning segage hästi. Laota küpsetuspaberiga kaetud ahjuplaadile koorega allapoole ja rösti ahjus 30–40 minutit, kuni köögiviljad on värvuse võtnud ja läbi küpsenud. Jälgige sibulaid, kuna need võivad küpseda kiiremini kui squash ja tuleb varem eemaldada. Eemaldage ahjust ja laske jahtuda.
c) Kastme valmistamiseks asetage tahini väikesesse kaussi koos sidrunimahla, vee, küüslaugu ja ¼ teelusikatäie soolaga. Vahusta, kuni kaste on mee konsistentsiga, vajadusel lisa veel vett või tahinit.
d) Valage ülejäänud 1½ tl õli väikesele praepannile ja asetage keskmisele või madalale kuumusele. Lisa piiniaseemned koos ½ tl soolaga ja küpseta 2 minutit, sageli segades, kuni pähklid on kuldpruunid. Tõsta pliidilt ning tõsta pähklid ja õli keetmise peatamiseks väikesesse kaussi.
e) Serveerimiseks laota köögiviljad suurele serveerimisvaagnale ja nirista peale tahini. Puista peale piiniaseemned ja nende õli, seejärel za'atar ja petersell.

19. Fava Bean Kuku

Mark: 6

KOOSTISOSAD

- 1 nael / 500 g fava ube, värsked või külmutatud
- 5 spl / 75 ml keeva veega
- 2 spl ülipeent suhkrut
- 5 spl / 45 g kuivatatud lodjamarju
- 3 spl rasket koort
- ¼ tl safrani niidid
- 2 spl külma vett
- 5 spl oliiviõli
- 2 keskmist sibulat, peeneks hakitud
- 4 küüslauguküünt, purustatud
- 7 suurt vabapidamisel peetavat muna
- 1 spl universaalset jahu
- ½ tl küpsetuspulbrit
- 1 tass / 30 g tilli, hakitud
- ½ tassi / 15 g piparmünt, hakitud
- soola ja värskelt jahvatatud musta pipart

JUHISED

a) Kuumuta ahi temperatuurini 350 °F / 180 °C. Pane fava oad rohke keeva veega pannile. Hauta 1 minut, nõruta, värskenda külma vee all ja tõsta kõrvale.
b) Valage 5 spl / 75 ml keevat vett keskmisesse kaussi, lisage suhkur ja segage lahustumiseni. Kui siirup on leige, lisage lodjamarjad ja jätke need umbes 10 minutiks seisma, seejärel nõrutage.
c) Kuumuta koor, safran ja külm vesi väikeses kastrulis keema. Tõsta koheselt tulelt ja jäta 30 minutiks tõmbama.
d) Kuumutage 3 supilusikatäit oliiviõli keskmisel kuumusel 10-tollisel / 25 cm mittenakkuval ahjukindlal kaanega pannil. Lisa sibulad ja küpseta umbes 4 minutit, aeg-ajalt segades, seejärel lisa küüslauk ning küpseta ja sega veel 2 minutit. Sega juurde fava oad ja tõsta kõrvale.

e) Klopi munad suures segamiskausis korralikult vahuks. Lisa jahu, küpsetuspulber, safranikoor, ürdid, 1½ tl soola ja ½ tl pipart ning klopi korralikult läbi. Viimasena sega juurde lodjamarjad ning fava oad ja sibula segu.
f) Pühkige pann puhtaks, lisage ülejäänud oliiviõli ja asetage ahju 10 minutiks, et see hästi kuumeneks. Vala munasegu kuumale pannile, kata kaanega ja küpseta 15 minutit. Eemaldage kaas ja küpsetage veel 20–25 minutit, kuni munad on tahenenud. Võta ahjust välja ja lase 5 minutit puhata, enne kui tõstad serveerimisvaagnale. Serveeri soojalt või toatemperatuuril.

Toorartišoki ja ürdisalat

20. Toorartišoki- ja ürdisalat

Valmistab: 2

KOOSTISOSAD

- 2 või 3 suurt maakera artišokki (kokku 1½ naela / 700 g)
- 3 spl värskelt pressitud sidrunimahla
- 4 spl oliiviõli
- 2 tassi / 40 g rukolat
- ½ tassi / 15 g rebitud piparmündi lehti
- ½ tassi / 15 g rebitud koriandri lehti
- 1 unts / 30 g pecorino toscano või romano juustu, õhukeselt raseeritud
- Maldoni meresool ja värskelt jahvatatud must pipar

JUHISED

a) Valmistage kauss veega, mis on segatud poole sidrunimahlaga. Eemaldage ühel artišokil vars ja eemaldage kõvad välimised lehed. Kui jõuate pehmemate, kahvatumate lehtedeni, lõigake suure terava noaga lille risti, nii et alumine veerand jääb alles. Kasutage väikest teravat nuga või köögiviljakoorijat, et eemaldada artišoki välimised kihid, kuni põhi või põhi on paljastatud. Kraabi välja karvane "kott" ja pane põhi hapendatud vette. Visake ülejäänud osa ära, seejärel korrake teiste artišoki(te)ga.

b) Nõruta artišokid ja kuivata paberrätikutega. Lõika artišokid mandoliini või suure terava noaga paberõhukesteks viiludeks ja tõsta suurde segamisnõusse. Pigista peale ülejäänud sidrunimahl, lisa oliiviõli ja sega korralikult läbi. Soovi korral võite artišoki jätta toatemperatuurile kuni mõneks tunniks. Kui olete serveerimiseks valmis, lisage artišokile rukola, piparmünt ja koriander ning maitsestage rohke ¼ teelusikatäie soola ja rohke värskelt jahvatatud musta pipraga.

c) Viska õrnalt läbi ja laota serveerimistaldrikutele. Kaunista pecorino laastudega.

21. Segaoasalat

Valmistab: 4

KOOSTISOSAD

- 10 untsi / 280 g kärbitud kollaseid ube (kui neid pole saadaval, topeltkogus rohelisi ube)
- 10 untsi / 280 g kärbitud rohelisi ube
- 2 punast paprikat, lõigatud ¼-tollisteks / 0,5 cm ribadeks
- 3 spl oliiviõli, pluss 1 tl paprika jaoks
- 3 küüslauguküünt, õhukeselt viilutatud
- 6 spl / 50 g kapparid, loputatud ja kuivatatud
- 1 tl köömneid
- 2 tl koriandri seemneid
- 4 rohelist sibulat, õhukeselt viilutatud
- ⅓ tassi / 10 g estragoni, jämedalt hakitud
- ⅔ tassi / 20 g korjatud kirvilehti (või korjatud tilli ja hakitud peterselli segu)
- 1 sidruni riivitud koor
- soola ja värskelt jahvatatud musta pipart

JUHISED

a) Kuumuta ahi temperatuurini 450 °F / 220 °C.
b) Kuumuta suur pann rohke veega keema ja lisa kollased oad. 1 minuti pärast lisa rohelised oad ja küpseta veel 4 minutit või kuni oad on läbi küpsenud, kuid siiski krõmpsuvad. Värskendage jääkülma vee all, nõrutage, kuivatage ja asetage suurde segamisnõusse.
c) Vahepeal viska paprikatele 1 tl õli, laota küpsetusplaadile ja aseta ahju 5 minutiks või kuni need on pehmed. Võta ahjust välja ja lisa koos keedetud ubadega kaussi.
d) Kuumuta väikeses potis 3 spl oliiviõli. Lisa küüslauk ja küpseta 20 sekundit; lisa kapparid (ettevaatust, need sülitavad!) ja prae veel 15 sekundit. Lisa köömned ja koriandriseemned ning jätka praadimist veel 15 sekundit. Küüslauk peaks nüüdseks muutunud kuldseks. Tõsta tulelt ja vala panni sisu kohe ubadele. Segage ja lisage roheline sibul, ürdid, sidrunikoor, ¼ teelusikatäit soola ja musta pipart.
e) Serveeri või hoia külmkapis kuni päev. Ärge unustage enne serveerimist toatemperatuurini viia.

22. Sidruni porru lihapallid

Valmistab: 4 ALUSTAJANA

KOOSTISOSAD

- 6 suurt kärbitud porrulauku (kokku umbes 1¾ naela / 800 g)
- 9 untsi / 250 g veisehakkliha
- 1 tass / 90 g riivsaia
- 2 suurt vabapidamisel peetavat muna
- 2 spl päevalilleõli
- ¾ kuni 1¼ tassi / 200 kuni 300 ml kanapuljongit
- ⅓ tassi / 80 ml värskelt pressitud sidrunimahla (umbes 2 sidrunit)
- ⅓ tassi / 80 g Kreeka jogurtit
- 1 spl peeneks hakitud lamedate lehtedega peterselli
- soola ja värskelt jahvatatud musta pipart

JUHISED

a) Lõika porru ¾-tollisteks / 2 cm viiludeks ja auruta neid umbes 20 minutit, kuni need on täiesti pehmed. Nõruta ja lase jahtuda, seejärel pigista rätikuga välja jääkvesi. Töötle porru köögikombainis paar korda pulseerides, kuni see on hästi hakitud, kuid mitte pudrune. Asetage porru suurde segamisnõusse koos liha, riivsaia, munade, 1¼ tl soola ja 1 tl musta pipraga. Vormi segust lamedad pätsikesed, umbes 2¾ x ¾ tolli / 7 x 2 cm – see peaks moodustama 8. Asetage 30 minutiks külmkappi.

b) Kuumuta õli keskmisel-kõrgel kuumusel suurel paksupõhjalisel pannil, mille jaoks sul on kaas. Prae pätsikesed mõlemalt poolt kuldpruuniks; seda saab vajadusel teha partiidena.

c) Pühkige pann paberrätikuga välja ja asetage lihapallid põhjale, vajadusel kattudes. Vala peale nii palju puljongit, et see kataks pätsikesed peaaegu, kuid mitte päris ära. Lisa sidrunimahl ja ½ tl soola. Kuumuta keemiseni, seejärel kata kaanega ja keeda tasasel tulel 30 minutit. Eemalda kaas ja küpseta vajadusel veel paar minutit, kuni peaaegu kogu vedelik on aurustunud. Tõsta pann tulelt ja tõsta kõrvale jahtuma.

d) Serveerige lihapallid soojalt või toatemperatuuril koos jogurtitüki ja peterselliga.

23. Hannukah Kohlrabi salat

Valmistab: 4

KOOSTISOSAD

- 3 keskmist kaalraabit (kokku 1⅔ naela / 750 g)
- ⅓ tassi / 80 g Kreeka jogurtit
- 5 spl / 70 g hapukoort
- 3 spl mascarpone juustu
- 1 väike küüslauguküüs, purustatud
- 1½ tl värskelt pressitud sidrunimahla
- 1 spl oliiviõli
- 2 spl peeneks hakitud värsket piparmünti
- 1 tl kuivatatud piparmünt
- umbes 12 oksa / 20 g beebikressi
- ¼ tl sumakit
- soola ja valget pipart

JUHISED

a) Koorige nuikapsas, lõigake 1,5 cm kuubikuteks ja pange suurde segamisnõusse. Tõsta kõrvale ja valmista kaste.
b) Pane jogurt, hapukoor, mascarpone, küüslauk, sidrunimahl ja oliiviõli keskmisesse kaussi. Lisa ¼ tl soola ja jahvatatud pipart ning vahusta ühtlaseks. Lisa kaste nugarabile, seejärel värske ja kuivatatud piparmünt ning pool kressist.
c) Sega õrnalt, seejärel aseta serveerimisalusele. Tõsta peale ülejäänud kress ja puista üle sumahhiga.

24. Juurviljasalv labnehiga

Mark: 6

KOOSTISOSAD

- 3 keskmist peeti (kokku 1 nael / 450 g)
- 2 keskmist porgandit (9 untsi / 250 g kokku)
- ½ juurselleri (kokku 10 untsi / 300 g)
- 1 keskmine nugarabi (9 untsi / 250 g kokku)
- 4 spl värskelt pressitud sidrunimahla
- 4 spl oliiviõli
- 3 spl šerri äädikat
- 2 tl ülipeent suhkrut
- ¾ tassi / 25 g koriandri lehti, jämedalt hakitud
- ¾ tassi / 25 g piparmündilehti, hakitud
- ⅔ tassi / 20 g lamedate lehtedega peterselli lehti, jämedalt hakitud
- ½ sl riivitud sidrunikoort
- 1 tass / 200 g labneh (poest ostetud võivaata retsepti)
- soola ja värskelt jahvatatud musta pipart
- Koorige kõik köögiviljad ja viilutage need õhukesteks viiludeks, umbes 1/16 väikese kuuma tšilli, peeneks hakitud

JUHISED

a) Asetage sidrunimahl, oliiviõli, äädikas, suhkur ja 1 tl soola väikesesse kastrulisse. Kuumuta tasasel tulel ja sega, kuni suhkur ja sool on lahustunud. Tõsta tulelt.

b) Nõruta köögiviljaribad ja tõsta paberrätikule hästi kuivama. Kuivatage kauss ja asendage köögiviljad. Valage kuum kaste köögiviljadele, segage hästi ja laske jahtuda. Aseta vähemalt 45 minutiks külmkappi.

c) Kui olete serveerimiseks valmis, lisage salatile ürdid, sidrunikoor ja 1 tl musta pipart. Sega korralikult läbi, maitse ja vajadusel lisa veel soola. Kuhjake serveerimistaldrikutele ja serveerige koos labnehiga.

25. Praetud tomatid küüslauguga

Valmistab: 2 kuni 4

KOOSTISOSAD

- 3 suurt küüslauguküünt, purustatud
- ½ väikest kuuma tšillit, peeneks hakitud
- 2 spl hakitud lamedate lehtedega peterselli
- 3 suurt, küpset, kuid tugevat tomatit (kokku umbes 1 nael / 450 g)
- 2 spl oliiviõli
- Maldoni meresool ja värskelt jahvatatud must pipar
- rustikaalne leib, serveerimiseks

JUHISED

a) Sega väikeses kausis küüslauk, tšilli ja hakitud petersell ning tõsta kõrvale. Tõsta tomatid pealt ja saba ning lõika vertikaalselt umbes 1,5 cm paksusteks viiludeks.

b) Kuumuta suurel pannil keskmisel kuumusel õli. Lisa tomativiilud, maitsesta soola ja pipraga ning küpseta umbes 1 minut, seejärel keera ümber, maitsesta uuesti soola ja pipraga ning puista peale küüslaugusegu. Jätkake küpsetamist veel umbes minut, panni aeg-ajalt raputades, seejärel keerake viilud uuesti ja küpseta veel paar sekundit, kuni need on pehmed, kuid mitte pudrused.

c) Tõsta tomatid serveerimistaldrikule, vala üle pannilt võetud mahladega ja serveeri kohe koos leivaga.

26. Püreestatud peet jogurti ja za'atariga

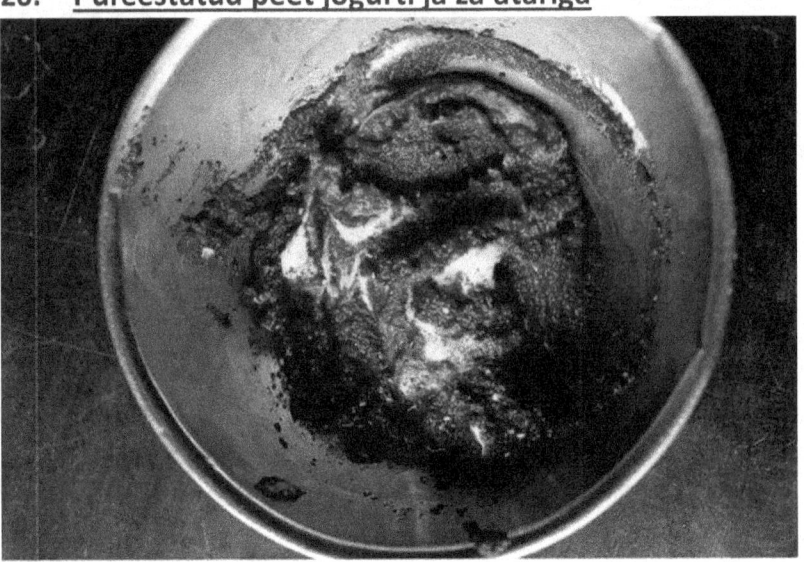

Mark: 6

KOOSTISOSAD

- 2 naela / 900 g keskmist peeti (kokku umbes 1 naela / 500 g pärast keetmist ja koorimist)
- 2 küüslauguküünt, purustatud
- 1 väike punane tšilli, seemnetega ja peeneks hakitud
- ümardatud 1 tass / 250 g kreeka jogurtit
- 1½ sl datlisiirupit
- 3 spl oliiviõli, millele lisandub roa viimistlemiseks
- 1 spl za'atari
- soola
- GARNISEERIMISEKS
- 2 rohelist sibulat, õhukeselt viilutatud
- 2 spl / 15 g röstitud sarapuupähkleid, jämedalt purustatud
- 2 untsi / 60 g pehmet kitsepiimajuustu, murendatud

JUHISED

a) Kuumuta ahi temperatuurini 400 °F / 200 °C.
b) Pese peet ja aseta röstimispannile. Pange need ahju ja küpsetage ilma kaaneta, kuni nuga kergelt keskele libiseb, umbes 1 tund. Kui peedid on käsitsemiseks piisavalt jahedad, koorige peedid ja lõigake igaüks umbes kuueks tükiks. Laske jahtuda.
c) Asetage peet, küüslauk, tšilli ja jogurt köögikombaini ning segage ühtlaseks pastaks. Tõsta suurde segamisnõusse ja sega hulka datlisiirup, oliiviõli, za'atar ja 1 tl soola. Maitse ja soovi korral lisa veel soola.
d) Tõsta segu lamedale serveerimistaldrikule ja määri lusika tagaküljega see taldrikule laiali. Puista peale roheline sibul, sarapuupähklid ja juust ning lõpuks nirista peale veidi õli. Serveeri toatemperatuuril.

27. Šveitsi mangoldi fritüürid

Valmistab: 4 ALUSTAJANA

KOOSTISOSAD

- 14 untsi / 400 g Šveitsi mangoldi lehed, valged varred eemaldatud
- 1 unts / 30 g lamedate lehtedega peterselli
- ⅔ untsi / 20 g koriandrit
- ⅔ untsi / 20 g tilli
- 1½ tl riivitud muskaatpähklit
- ½ tl suhkrut
- 3 spl universaalset jahu
- 2 küüslauguküünt, purustatud
- 2 suurt vabapidamisel peetavat muna
- 3 untsi / 80 g fetajuustu, purustatud väikesteks tükkideks
- 4 spl / 60 ml oliiviõli
- 1 sidrun, lõigatud 4 viilu
- soola ja värskelt jahvatatud musta pipart

JUHISED

a) Kuumuta suur kastrul soolaga maitsestatud vesi keemiseni, lisa mangold ja hauta 5 minutit. Nõruta lehed ja pigista neid korralikult, kuni need on täielikult kuivanud. Pane köögikombaini koos ürtide, muskaatpähkli, suhkru, jahu, küüslaugu, munade, rohke ¼ teelusikatäie soola ja musta pipraga. Blits kuni ühtlaseks ja seejärel keera feta käsitsi läbi segu.

b) Valage 1 supilusikatäis õli keskmisele praepannile. Tõsta keskmisele-kõrgele tulele ja lusikaga iga fritüüri jaoks kuhjaga supilusikatäis segu. Vajutage õrnalt alla, et saada 2¾ tolli / 7 cm laiune ja 1 cm paksune fritter. Korraga peaks mahtuma umbes 3 fritüüri. Küpseta friikartuleid kokku 3–4 minutit, keerates üks kord, kuni need on omandanud värvi.

c) Viige paberrätikutele, seejärel hoidke iga partii ülejäänud segu küpsetamise ajal soojas, lisades vajadusel ülejäänud õli. Serveeri kohe koos sidruniviiludega.

28. Vürtsitud kikerherned ja köögiviljasalat

Valmistab: 4

KOOSTISOSAD

- ½ tassi / 100 g kuivatatud kikerherneid
- 1 tl söögisoodat
- 2 väikest kurki (kokku 10 untsi / 280 g)
- 2 suurt tomatit (10½ untsi / 300 g kokku)
- 8½ untsi / 240 g rediseid
- 1 punane paprika, seemned ja ribid eemaldatud
- 1 väike punane sibul, kooritud
- ⅔ untsi / 20 g koriandri lehti ja varsi, jämedalt hakitud
- ½ untsi / 15 g lamedate lehtedega peterselli, jämedalt hakitud
- 6 spl / 90 ml oliiviõli
- 1 sidruni riivitud koor ja 2 spl mahla
- 1½ spl šerri äädikat
- 1 küüslauguküüs, purustatud
- 1 tl ülipeent suhkrut
- 1 tl jahvatatud kardemoni
- 1½ tl jahvatatud piment
- 1 tl jahvatatud köömneid
- Kreeka jogurt (valikuline)
- soola ja värskelt jahvatatud musta pipart

JUHISED

a) Leota kuivatatud kikerherneid üleöö suures kausis rohke külma vee ja söögisoodaga. Järgmisel päeval kurna, aseta suurde kastrulisse ja kata veega, mis on kaks korda suurem kui kikerhernes. Kuumuta keemiseni ja keeda, eemaldades vahu, umbes tund aega, kuni see on täiesti pehme, seejärel nõruta.

b) Lõika kurk, tomat, redis ja pipar ⅔-tollisteks / 1,5 cm kuubikuteks; lõigake sibul 0,5 cm suurusteks kuubikuteks. Sega kõik kausis koos koriandri ja peterselliga.

c) Sega purgis või suletavas anumas 5 spl/75 ml oliiviõli, sidrunimahla ja -koort, äädikat, küüslauku ja suhkrut ning sega korralikult kastmeks, seejärel maitsesta soola ja pipraga. Vala kaste salatile ja sega kergelt läbi.

d) Sega kokku kardemon, piment, köömned ja ¼ tl soola ning laota taldrikule. Viska keedetud kikerherned mõne partiina vürtsisegusse, et need hästi kataks. Kuumuta ülejäänud oliiviõli pannil keskmisel kuumusel ja prae kikerherneid kergelt 2–3 minutit, panni õrnalt raputades, et need küpseksid ühtlaselt ja ei kleepuks. Hoidke soojas.

e) Jaga salat nelja taldriku vahel suureks ringiks ja tõsta lusikaga peale soojad vürtsised kikerherned, nii et salati serv jääb selgeks. Salati kreemjaks muutmiseks võid peale nirista veidi kreeka jogurtit.

29. Chermoula baklažaan Bulguri ja jogurtiga

Teeb: 4 PÕHIROOKNA

KOOSTISOSAD

- 2 küüslauguküünt, purustatud
- 2 tl jahvatatud köömneid
- 2 tl jahvatatud koriandrit
- 1 tl tšillihelbeid
- 1 tl magusat paprikat
- 2 spl peeneks hakitud konserveeritud sidrunikoort (poest ostetud võivaata retsepti)
- ⅔ tass / 140 ml oliiviõli, lisaks veel lõpetuseks
- 2 keskmist baklažaani
- 1 tass / 150 g peent bulgurit
- ⅔ tassi / 140 ml keeva vett
- ⅓ tassi / 50 g kuldseid rosinaid
- 3½ spl / 50 ml sooja vett
- ⅓ untsi / 10 g koriandrit, hakitud, lisaks veel lisa viimistluseks
- ⅓ untsi / 10 g piparmünt, hakitud
- ⅓ tassi / 50 g kivideta rohelisi oliive, poolitatud
- ⅓ tassi / 30 g viilutatud mandleid, röstitud
- 3 rohelist sibulat, hakitud
- 1½ spl värskelt pressitud sidrunimahla
- ½ tassi / 120 g Kreeka jogurtit
- soola

JUHISED

a) Kuumuta ahi temperatuurini 400 °F / 200 °C.
b) Chermoula valmistamiseks segage väikeses kausis küüslauk, köömned, koriander, tšilli, paprika, konserveeritud sidrun, kaks kolmandikku oliiviõlist ja ½ tl soola.
c) Lõika baklažaanid pikuti pooleks. Lõika mõlema poole viljaliha sügavate, diagonaalsete ristjoontega, vältides nahka läbitorkamist. Tõsta chermoula lusikaga mõlemale poolele, jaotades see ühtlaselt, ja aseta küpsetusplaadile lõigatud pool

üleval. Pane ahju ja rösti 40 minutit või kuni baklažaanid on täiesti pehmed.

d) Vahepeal pane bulgur suurde kaussi ja kata keeva veega.
e) Leota rosinaid soojas vees. 10 minuti pärast nõrutage rosinad ja lisage need koos ülejäänud õliga bulgurile. Lisa ürdid, oliivid, mandlid, roheline sibul, sidrunimahl ja näputäis soola ning sega ühtlaseks. Maitse ja vajadusel lisa veel soola.
f) Serveeri baklažaanid soojalt või toatemperatuuril. Asetage ½ baklažaani, lõikepool ülespoole, igale üksikule taldrikule. Tõsta lusikaga peale bulgur, lastes mõnel mõlemalt poolt alla kukkuda. Valage lusikaga peale jogurtit, puistake peale koriandrit ja viimistlege tilgakese õliga.

30. Praetud lillkapsas tahiniga

Mark: 6

KOOSTISOSAD

- 2 tassi / 500 ml päevalilleõli
- 2 keskmist lillkapsast (kokku 2¼ naela / 1 kg), jagatud väikesteks õisikuteks
- 8 rohelist sibulat, igaüks jagatud 3 pikaks osaks
- ¾ tassi / 180 g heledat tahiinipastat
- 2 küüslauguküünt, purustatud
- ¼ tassi / 15 g lamedate lehtedega peterselli, hakitud
- ¼ tassi / 15 g hakitud piparmünti, millele lisandub viimistlus
- ⅔ tassi / 150 g Kreeka jogurtit
- ¼ tassi / 60 ml värskelt pressitud sidrunimahla ja 1 sidruni riivitud koor
- 1 tl granaatõunamelassi ja viimistluseks lisa
- umbes ¾ tassi / 180 ml vett
- Maldoni meresool ja värskelt jahvatatud must pipar

JUHISED

a) Kuumuta päevalilleõli suures kastrulis, mis asetatakse keskmisele-kõrgele kuumusele. Asetage metalltangide või metalllusikaga ettevaatlikult õli sisse paar lillkapsa õisikut ja küpsetage neid 2–3 minutit, pöörates ümber, et värvus ühtlaselt muutuks. Kui õisikud on kuldpruunid, tõstke need lusikaga kurni nõrguma. Puista peale veidi soola. Jätkake partiide kaupa, kuni olete kogu lillkapsa valmis saanud. Järgmisena praadige rohelist sibulat partiidena, kuid ainult umbes 1 minut. Lisa lillkapsale. Laske mõlemal veidi jahtuda.

b) Valage tahinipasta suurde segamisnõusse ja lisage küüslauk, hakitud ürdid, jogurt, sidrunimahl ja -koor, granaatõunamelass ning veidi soola ja pipart. Segage vett lisades puulusikaga korralikult läbi. Tahini kaste muutub vee lisamisel paksemaks ja seejärel lahti. Ärge lisage liiga palju, vaid nii palju, et saada paks, kuid ühtlane, valatav konsistents, mis sarnaneb meega.

c) Lisa tahinile lillkapsas ja roheline sibul ning sega korralikult läbi. Maitse ja maitsesta. Samuti võite lisada rohkem sidrunimahla.

d) Serveerimiseks tõsta lusikaga serveerimiskaussi ning lõpetuseks lisa paar tilka granaatõunamelassi ja veidi piparmünti.

31. Röstitud lillkapsa ja sarapuupähkli salat

Valmistab: 2 kuni 4

KOOSTISOSAD

- 1 pea lillkapsas, purustatud väikesteks õisikuteks (kokku 1½ naela / 660 g)
- 5 spl oliiviõli
- 1 suur sellerivars, lõigatud nurga all ¼-tollisteks / 0,5 cm viiludeks (⅔ tass / kokku 70 g)
- 5 spl / 30 g sarapuupähkleid, koortega
- ⅓ tassi / 10 g väikseid lamedate lehtedega peterselli lehti, korjatud
- ⅓ tassi / 50 g granaatõunaseemneid (umbes ½ keskmisest granaatõunast)
- helde ¼ tl jahvatatud kaneeli
- rikkalik ¼ tl jahvatatud piment
- 1 spl šerri äädikat
- 1½ tl vahtrasiirupit
- soola ja värskelt jahvatatud musta pipart

JUHISED

a) Kuumuta ahi temperatuurini 425 °F / 220 °C.
b) Sega lillkapsas 3 supilusikatäie oliiviõli, ½ tl soola ja mõne musta pipraga. Laota röstimispannile laiali ja rösti ahju ülemisel siinil 25–35 minutit, kuni lillkapsas on krõbe ja osa sellest on muutunud kuldpruuniks. Tõsta suurde segamisnõusse ja tõsta kõrvale jahtuma.
c) Alandage ahju temperatuuri 325 °F / 170 °C-ni. Laota sarapuupähklid küpsetuspaberiga kaetud ahjuplaadile ja rösti 17 minutit.
d) Lase pähklitel veidi jahtuda, seejärel tükelda need jämedalt ja lisa koos ülejäänud õli ja ülejäänud koostisosadega lillkapsale. Sega, maitse ja maitsesta vastavalt soola ja pipraga. Serveeri toatemperatuuril.

32. A'ja (leivapraad)

Valmistab: UMBES 8 FRITTERIT

KOOSTISOSAD

- 4 saia viilu, koorikud eemaldatud (3 untsi / 80 g kokku)
- 4 eriti suurt vabapidamisel peetud muna
- 1½ tl jahvatatud köömneid
- ½ tl magusat paprikat
- ¼ tl Cayenne'i pipart
- 1 unts / 25 g murulauku, tükeldatud
- 1 unts / 25 g lamedate lehtedega peterselli, hakitud
- ⅓ untsi / 10 g estragoni, tükeldatud
- 1½ untsi / 40 g fetajuustu, purustatud
- päevalilleõli, praadimiseks
- soola ja värskelt jahvatatud musta pipart

JUHISED

a) Leota leiba rohkes külmas vees 1 minut, seejärel pigista korralikult.
b) Murenda leotatud leib keskmisesse kaussi, seejärel lisa munad, vürtsid, ½ tl soola ja ¼ tl pipart ning klopi korralikult läbi. Sega hulka hakitud ürdid ja feta.
c) Kuumuta 1 supilusikatäis õli keskmisel praepannil keskmiselkõrgel kuumusel. Tõsta iga fritüüri jaoks umbes 3 supilusikatäit segu panni keskele ja tasandage see lusika alaosa abil; fritüürid peaksid olema ¾–1¼ tolli / 2–3 cm paksused. Prae friikartuleid 2–3 minutit mõlemalt poolt, kuni need on kuldpruunid. Korrake ülejäänud taignaga. Peaksite saama umbes 8 fritti.
d) Teise võimalusena võid kogu taigna korraga praadida, nagu suurt omletti. Tükelda ja serveeri soojalt või toatemperatuuril.

33. Vürtsikas porgandisalat

Valmistab: 4

KOOSTISOSAD

- 6 suurt porgandit, kooritud (umbes 1½ naela / 700 g kokku)
- 3 spl päevalilleõli
- 1 suur sibul, peeneks hakitud (2 tassi / 300 g kokku)
- 1 splPilpelchumavõi 2 spl harissat (poest ostetud võivaata retsepti)
- ½ tl jahvatatud köömneid
- ½ tl köömneid, värskelt jahvatatud
- ½ tl suhkrut
- 3 spl siidri äädikat
- 1½ tassi / 30 g rukola lehti
- soola

JUHISED

a) Pange porgandid suurde kastrulisse, katke veega ja laske keema tõusta. Alanda kuumust, kata kaanega ja küpseta umbes 20 minutit, kuni porgandid on lihtsalt pehmed. Nõruta ja, kui see on käsitsemiseks piisavalt jahtunud, lõika ¼-tollisteks / 0,5 cm viiludeks.

b) Porgandite küpsemise ajal kuumuta suurel pannil pool õlist. Lisa sibul ja küpseta keskmisel kuumusel 10 minutit, kuni see on kuldpruun.

c) Kallutage praetud sibul suurde segamisnõusse ja lisage pilpelchuma, köömned, köömned, ¾ tl soola, suhkur, äädikas ja ülejäänud õli. Lisa porgandid ja klopi hästi läbi. Jäta vähemalt 30 minutiks kõrvale, et maitsed küpseksid.

d) Laota salat suurele vaagnale, täpistades rukolat.

34. Hannukah Shakshuka

Valmistab: 2 kuni 4

KOOSTISOSAD

- 2 spl oliiviõli
- 2 splPilpelchumavõi harissa (poest ostetud võivaata retsepti)
- 2 tl tomatipastat
- 2 suurt punast paprikat, lõigatud ¼-tollisteks / 0,5 cm kuubikuteks (kokku 2 tassi / 300 g)
- 4 küüslauguküünt, peeneks hakitud
- 1 tl jahvatatud köömneid
- 5 suurt, väga küpset tomatit, tükeldatud (5 tassi / 800 g kokku); konservid on ka korralikud
- 4 suurt vabapidamisel muna, pluss 4 munakollast
- ½ tassi / 120 g labneh (poest ostetud võivaata retsepti) või paks jogurt
- soola

JUHISED

a) Kuumuta oliiviõli suurel pannil keskmisel kuumusel ja lisa pilpelchuma või harissa, tomatipasta, paprika, küüslauk, köömned ja ¾ teelusikatäit soola. Sega ja küpseta keskmisel kuumusel umbes 8 minutit, et paprikad pehmeneksid. Lisa tomatid, lase tasasel tulel keeda ja küpseta veel 10 minutit, kuni saad üsna paksu kastme. Maitsesta maitsestamiseks.

b) Tee kastmesse 8 väikest kastmist. Murdke munad ettevaatlikult katki ja valage igaüks ettevaatlikult oma kastmesse. Tee sama ka munakollastega. Sega munavalgeid kahvliga veidi kastmega, jälgides, et munakollased ei puruneks. Hauta tasasel tulel 8–10 minutit, kuni munavalged on hangunud, kuid munakollased veel vedelad (võid panni kaanega katta, kui soovid protsessi kiirendada).

c) Tõsta tulelt, jäta paariks minutiks seisma, tõsta siis lusikaga eraldi taldrikutele ja serveeri koos labnehi või jogurtiga.

35. Butternut Squash & Tahini Spread

Mark: 6-8

KOOSTISOSAD

- 1 väga suur kõrvits (umbes 2½ naela / 1,2 kg), kooritud ja tükkideks lõigatud (kokku 7 tassi / 970 g)
- 3 spl oliiviõli
- 1 tl jahvatatud kaneeli
- 5 spl / 70 g heledat tahiinipastat
- ½ tassi / 120 g Kreeka jogurtit
- 2 väikest küüslauguküünt, purustatud
- 1 tl segatud musta ja valget seesamiseemneid (või lihtsalt valgeid, kui teil musta pole)
- 1½ tl datlisiirupit
- 2 spl hakitud koriandrit (valikuline)
- soola

JUHISED

a) Kuumuta ahi temperatuurini 400 °F / 200 °C.
b) Laota kõrvits keskmisel röstimispannil laiali. Vala peale oliiviõli ning puista peale kaneeli ja ½ tl soola. Sega korralikult läbi, kata pann tihedalt alumiiniumfooliumiga ja rösti ahjus 70 minutit, korra küpsemise ajal segades. Eemaldage ahjust ja laske jahtuda.
c) Tõsta kõrvits köögikombaini koos tahini, jogurti ja küüslauguga. Jämedalt pulseerige nii, et kõik seguneks jämedaks pastaks, ilma et määrimine muutuks ühtlaseks; saate seda teha ka käsitsi, kasutades kahvlit või kartulimassi.
d) Laota võipähkel lainelise mustriga lamedale taldrikule ja puista peale seesamiseemneid, nirista peale siirup ja lõpetuseks lisa koriandrit, kui kasutad.

36. Vürtsikas peedi-, porru- ja pähklisalat

KOOSTISOSAD

- 4 keskmist peeti (600 g kokku pärast keetmist ja koorimist)
- 4 keskmist porrulauku, lõigatud 4-tollisteks / 10 cm tükkideks (4 tassi / 360 g kokku)
- ½ untsi / 15 g koriandrit, jämedalt hakitud
- 1¼ tassi / 25 g rukolat
- ⅓ tassi / 50 g granaatõunaseemneid (valikuline)
- RIIDEMINE
- 1 tass / 100 g kreeka pähkleid, jämedalt hakitud
- 4 küüslauguküünt, peeneks hakitud
- ½ tl tšillihelbeid
- ¼ tassi / 60 ml siidri äädikat
- 2 spl tamarindi vett
- ½ tl pähkliõli
- 2½ spl maapähkliõli
- 1 tl soola

JUHISED

a) Kuumuta ahi temperatuurini 425 °F / 220 °C.
b) Mähi peedid ükshaaval alumiiniumfooliumisse ja rösti neid ahjus 1–1,5 tundi, olenevalt nende suurusest. Pärast küpsetamist peaksite saama väikese noa hõlpsalt keskele torgata. Võta ahjust välja ja tõsta kõrvale jahtuma.
c) Kui peet on käsitsemiseks piisavalt jahtunud, koorige need pooleks ja lõigake kumbki pool 1 cm paksusteks viiludeks. Pane keskmisesse kaussi ja tõsta kõrvale.
d) Asetage porrulauk soolaga maitsestatud veega keskmisele pannile, laske keema tõusta ja hautage 10 minutit, kuni need on küpsed. oluline on neid õrnalt hautada ja mitte üle küpsetada, et nad laiali ei laguneks. Nõruta ja värskenda külma vee all, seejärel lõika väga terava sakilise noaga iga segment kolmeks väiksemaks tükiks ja patsuta kuivaks. Tõsta kaussi, eralda peedist ja tõsta kõrvale.
e) Köögiviljade küpsemise ajal sega kokku kõik kastme ained ja jäta vähemalt 10 minutiks ühele poole, et kõik maitsed kokku saaksid.
f) Jaga pähklikaste ja koriander võrdselt peedi ja porru vahel ning viska õrnalt läbi. Maitse mõlemat ja vajadusel lisa veel soola.
g) Salati kokkupanemiseks laota suurem osa peedist serveerimisvaagnale, laota peale rukolat, siis suurem osa porrulaugust, siis ülejäänud peet ning lõpetuseks lisa veel porrulauk ja rukola. Puista peale granaatõunaseemneid, kui kasutad, ja serveeri.

37. Söestunud Okra tomatiga

Valmistab: 2 KÕRVALTOANA

KOOSTISOSAD

- 10½ untsi / 300 g beebi või väga väike okra
- 2 spl oliiviõli, vajadusel veel
- 4 küüslauguküünt, õhukeselt viilutatud
- ⅔ untsi / 20 g konserveeritud sidrunikoort (poest ostetud võivaata retsepti), lõigake ⅜-tollisteks / 1 cm viiludeks
- 3 väikest tomatit (kokku 7 untsi / 200 g), lõigatud 8 viiluks või poolitatud kirsstomatid
- 1½ tl hakitud lamedate lehtedega peterselli
- 1½ tl hakitud koriandrit
- 1 spl värskelt pressitud sidrunimahla
- Maldoni meresool ja värskelt jahvatatud must pipar

JUHISED

a) Kasutades väikest teravat puuviljanoa, lõigake okra kaunad, eemaldades vars vahetult kauna kohalt, et mitte paljastada seemneid.

b) Asetage suur paksu põhjaga pann kõrgele kuumusele ja jätke mõneks minutiks seisma. Kui see on peaaegu kuum, visake okra kahes osas ja küpseta kuivalt panni aeg-ajalt raputades 4 minutit partii kohta. Okra kaunadel peaks aeg-ajalt olema tume vill.

c) Pange kogu söestunud okra pannile tagasi ja lisage oliiviõli, küüslauk ja konserveeritud sidrun. Prae segades 2 minutit panni raputades. Alandage kuumust keskmisele ja lisage tomatid, 2 spl vett, hakitud ürdid, sidrunimahl ning ½ tl soola ja veidi musta pipart. Segage kõik õrnalt, et tomatid ei laguneks, ja jätkake küpsetamist 2–3 minutit, kuni tomatid on läbi soojenenud. Tõsta serveerimisnõusse, nirista peale veel oliiviõli, puista peale soola ja serveeri.

38. Põletatud baklažaan granaatõunaseemnetega

Valmistab: 4 MEZE PLAADI OSA

KOOSTISOSAD

- 4 suurt baklažaani (3¼ naela / 1,5 kg enne küpsetamist; 2½ tassi / 550 g pärast viljaliha põletamist ja nõrutamist)
- 2 küüslauguküünt, purustatud
- 1 sidruni riivitud koor ja 2 spl värskelt pressitud sidrunimahla
- 5 spl oliiviõli
- 2 spl hakitud lamedate lehtedega peterselli
- 2 spl hakitud piparmünt
- ½ suure granaatõuna seemned (½ tassi / kokku 80 g)
- soola ja värskelt jahvatatud musta pipart

JUHISED

a) Kui teil on gaasipliit, vooderdage alus selle kaitsmiseks alumiiniumfooliumiga, jättes ainult põletid avatuks. Asetage baklažaanid otse neljale eraldi keskmise leegiga gaasipõletile ja röstige 15–18 minutit, kuni nahk on kõrbenud ja ketendav ning viljaliha pehme. Kasutage metalltange, et neid aeg-ajalt ümber pöörata. Teise võimalusena lõigake baklažaanid noaga mõnest kohast, umbes ¾ tolli / 2 cm sügavusele, ja asetage küpsetusplaadile kuuma broileri alla umbes tunniks. Pöörake neid umbes iga 20 minuti järel ja jätkake küpsetamist isegi siis, kui need lõhkevad ja purunevad.

b) Tõsta baklažaanid tulelt ja lase neil veidi jahtuda. Kui see on käsitsemiseks piisavalt jahtunud, lõigake iga baklažaani äärde ava ja eemaldage pehme viljaliha, jagades selle kätega pikkadeks õhukesteks ribadeks. Visake nahk ära. Nõruta viljaliha kurnis vähemalt tund aega, soovitavalt kauem, et võimalikult palju vett lahti saada.

c) Asetage baklažaani viljaliha keskmisesse kaussi ja lisage küüslauk, sidrunikoor ja -mahl, oliiviõli, ½ tl soola ja jahvatatud must pipar. Sega läbi ja lase baklažaanil toatemperatuuril vähemalt tund aega marineerida.

d) Kui oled serveerimiseks valmis, sega sisse suurem osa ürte ja maitsesta. Kuhja serveerimistaldrikule, puista peale granaatõunaseemned ja kaunista ülejäänud ürtidega.

39. Peterselli ja odra salat

Valmistab: 4

KOOSTISOSAD

- ¼ tassi / 40 g pärl otra
- 5 untsi / 150 g fetajuustu
- 5½ spl oliiviõli
- 1 tl za'atari
- ½ tl kergelt röstitud ja purustatud koriandriseemneid
- ¼ tl jahvatatud köömneid
- 3 untsi / 80 g lamedate lehtedega peterselli, lehti ja peeneid varsi
- 4 rohelist sibulat, peeneks hakitud (⅓ tassi / kokku 40 g)
- 2 küüslauguküünt, purustatud
- ⅓ tassi / 40 g india pähkleid, kergelt röstitud ja jämedalt purustatud
- 1 roheline paprika, seemnetest puhastatud ja lõigatud ⅜-tollisteks / 1 cm kuubikuteks
- ½ tl jahvatatud piment
- 2 spl värskelt pressitud sidrunimahla
- soola ja värskelt jahvatatud musta pipart

JUHISED

a) Asetage pärl oder väikesesse kastrulisse, katke rohke veega ja keetke 30–35 minutit, kuni see on pehme, kuid vähehaaval. Valage peeneks sõelale, loksutage, et kogu vesi eemaldataks, ja valage suurde kaussi.

b) Murdke feta umbes 2 cm suurusteks tükkideks ja segage väikeses kausis 1½ supilusikatäie oliiviõli, za'atari, koriandriseemnete ja köömnetega. Sega õrnalt läbi ja jäta ülejäänud salati valmistamise ajaks marineeruma.

c) Haki petersell peeneks ja pane kaussi koos rohelise sibula, küüslaugu, india pähklite, pipra, pipra, sidrunimahla, ülejäänud oliiviõli ja keedetud odraga. Sega korralikult läbi ja maitsesta oma maitse järgi. Serveerimiseks jaga salat nelja taldriku vahel ja tõsta peale marineeritud feta.

40. Turske suvikõrvitsa-tomati salat

Mark: 6

KOOSTISOSAD

- 8 kahvaturohelist suvikõrvitsat või tavalist suvikõrvitsat (kokku umbes 2¼ naela / 1 kg)
- 5 suurt, väga küpset tomatit (kokku 1¾ naela / 800 g)
- 3 spl oliiviõli, lisaks veel lõpetuseks
- 2½ tassi / 300 g Kreeka jogurtit
- 2 küüslauguküünt, purustatud
- 2 punast tšillit, seemnetest ja tükeldatud
- 1 keskmise sidruni riivitud koor ja 2 spl värskelt pressitud sidrunimahla
- 1 sl datlisiirupit ja viimistluseks veel lisa
- 2 tassi / 200 g kreeka pähkleid, jämedalt hakitud
- 2 spl hakitud piparmünt
- ⅔ untsi / 20 g lamedate lehtedega peterselli, hakitud
- soola ja värskelt jahvatatud musta pipart

JUHISED

a) Kuumuta ahi temperatuurini 425 °F / 220 °C. Asetage rihveldatud küpsetuspann kõrgele kuumusele.
b) Tükelda suvikõrvits ja lõika pikuti pooleks. Poolita ka tomatid. Pintselda suvikõrvits ja tomatid lõikepoolt oliiviõliga ning maitsesta soola ja pipraga.
c) Praeguseks peaks küpsetuspann olema kuum. Alusta suvikõrvitsast. Asetage mõned neist pannile, lõikepool all, ja küpseta 5 minutit; suvikõrvits peaks olema ühelt poolt kenasti söestunud. Nüüd eemalda suvikõrvits ja korda sama toimingut tomatitega. Pane köögiviljad röstimispannile ja pane ahju umbes 20 minutiks, kuni suvikõrvits on väga pehme.
d) Eemaldage pann ahjust ja laske köögiviljadel veidi jahtuda. Haki need jämedalt ja jäta 15 minutiks kurnis nõrguma.
e) Vahusta suures segamiskausis jogurt, küüslauk, tšilli, sidrunikoor ja -mahl ning melass. Lisage tükeldatud köögiviljad, kreeka pähklid, piparmünt ja suurem osa petersellist ning segage hästi. Maitsesta ¾ tl soola ja veidi pipraga.
f) Tõsta salat suurele madalale serveerimistaldrikule ja aja laiali. Kaunista ülejäänud petersellliga. Lõpuks nirista peale datlisiirupit ja oliiviõli.

41. Tabbouleh

Mark: 4 LELDELT

KOOSTISOSAD

- ½ tassi / 30 g peent bulgurnisu
- 2 suurt tomatit, küpset, kuid tugevat (10½ untsi / 300 g kokku)
- 1 šalottsibul, peeneks hakitud (3 spl / 30 g kokku)
- 3 spl värskelt pressitud sidrunimahla ja lõpetuseks veel veidi
- 4 suurt kimpu lamedate lehtedega peterselli (5½ untsi / 160 g kokku)
- 2 kimp münti (kokku 1 unts / 30 g)
- 2 tl jahvatatud piment
- 1 tl baharat vürtsisegu (poest ostetud võivaata retsepti)
- ½ tassi / 80 ml tippkvaliteediga oliiviõli
- umbes ½ suure granaatõuna seemned (½ tassi / kokku 70 g), valikuline
- soola ja värskelt jahvatatud musta pipart

JUHISED

a) Pane bulgur peeneks sõelale ja jookse külma vee alla, kuni läbitulev vesi tundub selge ja suurem osa tärklisest on eemaldatud. Tõsta suurde segamisnõusse.

b) Kasutage väikest sakilist nuga, et lõigata tomatid 0,5 cm paksusteks viiludeks. Lõika iga viil ¼-tollisteks / 0,5 cm ribadeks ja seejärel kuubikuteks. Lisage kaussi tomatid ja nende mahlad koos šalottsibula ja sidrunimahlaga ning segage hästi.

c) Võtke paar peterselli oksa ja pakke need tihedalt kokku. Kasutage suurt, väga teravat nuga, et lõigata ära suurem osa vartest ja visata ära. Nüüd kasutage nuga, et varred ja lehed ülespoole liigutada, järk-järgult nuga "söötades", et petersell võimalikult peeneks hakkida, ja püüdke vältida tükkide lõikamist, mis on laiemad kui 1/16 tolli / 1 mm. Lisa kaussi.

d) Korjake piparmündilehed varte küljest lahti, suruge paar tihedalt kokku ja hakkige need peeneks nagu peterselli; ärge tükeldage neid liiga palju, kuna need kipuvad värvi muutma. Lisa kaussi.

e) Lõpuks lisage vürtspipar, baharat, oliiviõli, granaatõun, kui kasutate, ning veidi soola ja pipart. Maitse ja lisa soovi korral veel soola ja pipart, võib-olla ka veidi sidrunimahla ning serveeri.

42. Röstitud kartul karamelli ja ploomidega

Valmistab: 4

KOOSTISOSAD
- 2¼ naela / 1 kg jahust kartulit, näiteks rusikast
- ½ tassi / 120 ml hanerasva
- 5 untsi / 150 g terveid pehmeid Ageni ploome, kivideta
- ½ tassi / 90 g ülipeent suhkrut
- 3½ spl / 50 ml jäävett
- soola

JUHISED

a) Kuumuta ahi temperatuurini 475 °F / 240 °C.
b) Koorige kartulid, jätke väikesed kartulid terveks ja lõigake suuremad pooleks, nii et saate umbes 60 g tükid. Loputage külma vee all, seejärel asetage kartulid suurele pannile rohke värske külma veega. Kuumuta keemiseni ja hauta 8–10 minutit. Nõruta kartulid hästi, seejärel raputa kurn, et nende servad karedaksid.
c) Aseta hanerasv röstimispannile ja kuumuta ahjus suitsemiseni, umbes 8 minutit. Võtke pann ettevaatlikult ahjust välja ja lisage keedukartulid metallist tangidega kuuma rasva hulka, keerates neid samal ajal rasvas ringi. Asetage pann õrnalt ahju kõrgeimale restile ja küpsetage 50–65 minutit või kuni kartulid on pealt kuldsed ja krõmpsud. Keerake neid küpsetamise ajal aeg-ajalt ümber.
d) Kui kartulid on peaaegu valmis, võtke plaat ahjust välja ja kallutage see kuumakindla kausi kohale, et eemaldada suurem osa rasvast. Lisa ½ tl soola ja ploomid ning sega õrnalt. Pane ahju veel 5 minutiks tagasi.
e) Selle aja jooksul valmista karamell. Pane suhkur puhtasse paksupõhjalisse kastrulisse ja aseta madalale tulele. Ilma segamata jälgige, kuidas suhkur muutub rikkaliku karamelli värviks. Hoidke oma pilku alati suhkrul. Niipea, kui olete selle värvi saavutanud, eemaldage pann tulelt. Hoides panni näost ohutus kauguses, valage jäävesi kiiresti karamelli sisse, et see ei küpseks. Tõsta tagasi tulele ja sega suhkrutükkide eemaldamiseks.
f) Enne serveerimist sega karamell kartulite ja ploomide hulka. Tõsta serveerimiskaussi ja söö korraga.

43. Šveitsi mangold tahiini, jogurti ja võiga määritud männipähklitega

Valmistab: 4

KOOSTISOSAD

- 2¾ naela / 1,3 kg Šveitsi mangold
- 2½ spl / 40 g soolamata võid
- 2 spl oliiviõli, pluss veel lõpetuseks
- 5 spl / 40 g piiniaseemneid
- 2 väikest küüslauguküünt, väga õhukeseks viilutatud
- ¼ tassi / 60 ml kuiva valget veini
- paprika, kaunistuseks (valikuline)
- soola ja värskelt jahvatatud musta pipart

TAHINI & JOGURTIKASTUS

- 3½ spl / 50 g heledat tahiinipastat
- 4½ spl / 50 g Kreeka jogurtit
- 2 spl värskelt pressitud sidrunimahla
- 1 küüslauguküüs, purustatud
- 2 spl vett

JUHISED

a) Alusta kastmega. Asetage kõik koostisosad keskmisesse kaussi, lisage näpuotsatäis soola ja segage väikese vispliga hästi, kuni saate ühtlase, poolkõva pasta. Kõrvale panema.

b) Eraldage terava noaga valged mangoldi varred rohelistest lehtedest ja lõigake mõlemad ¾ tolli / 2 cm laiusteks viiludeks, hoides neid eraldi. Lase suures kastrulis soolaga maitsestatud vesi keema ja lisa mangoldi varred. Hauta 2 minutit, lisa lehed ja küpseta veel minut. Nõruta ja loputa hästi külma vee all. Laske veel ära voolata ja seejärel pigistage mangold kätega, kuni see täielikult kuivab.

c) Pane pool võist ja 2 supilusikatäit oliiviõli suurele praepannile ning aseta keskmisele kuumusele. Kui see on kuum, lisage seedermänniseemned ja viskage need pannile kuldseks, umbes 2 minutit. Eemaldage need pannilt lusikaga, seejärel visake sisse küüslauk. Küpseta umbes minut, kuni see hakkab kuldseks muutuma. Vala ettevaatlikult (sülitab!) vein sisse. Jätke minutiks või vähem, kuni see väheneb umbes ühe kolmandikuni. Lisa mangold ja ülejäänud või ning küpseta 2–3 minutit aeg-ajalt segades, kuni mangold on täiesti soe. Maitsesta ½ tl soola ja vähese musta pipraga.

d) Jagage mangold üksikute serveerimiskausside vahel, valage lusikaga peale tahini kastet ja puistake seedermänniseemnetega. Lõpuks nirista peale oliiviõli ja soovi korral puista peale veidi paprikat.

44. Hannukah Sabih

Valmistab: 4

KOOSTISOSAD

- 2 suurt baklažaani (kokku umbes 1⅔ naela / 750 g)
- umbes 1¼ tassi / 300 ml päevalilleõli
- 4 viilu kvaliteetset saia, röstitud või värsket ja niisket minipitast
- 1 tass / 240 mlTahini kaste
- 4 suurt vabalt peetava muna, kõvaks keedetud, kooritud ja ⅜-tollisteks / 1 cm paksusteks viiludeks lõigatud või neljaks lõigatud
- umbes 4 splZhoug
- amba või soolane mango hapukurk (valikuline)
- soola ja värskelt jahvatatud musta pipart

HAKITUD SALAT

- 2 keskmiselt küpset tomatit, lõigatud ⅜-tollisteks / 1 cm kuubikuteks (kokku umbes 1 tass / 200 g)
- 2 minikurki, lõigatud ⅜-tollisteks / 1 cm kuubikuteks (kokku umbes 1 tass / 120 g)
- 2 rohelist sibulat, õhukeselt viilutatud
- 1½ sl hakitud lamedate lehtedega peterselli
- 2 tl värskelt pressitud sidrunimahla
- 1½ spl oliiviõli

JUHISED

a) Kasutage köögiviljakoorijat, et koorida baklažaanikoore ribad ülalt alla, jättes baklažaanidele vaheldumisi musta naha ja valge viljaliha ribad, mis on sebrataolised. Lõika mõlemad baklažaanid laiuti 1 tolli / 2,5 cm paksusteks viiludeks. Piserdage neid mõlemalt poolt soolaga, seejärel laotage need küpsetusplaadile ja laske veest eemaldamiseks vähemalt 30 minutit seista. Kasutage nende pühkimiseks paberrätikuid.

b) Kuumuta laial pannil päevalilleõli. Prae baklažaaniviilud ettevaatlikult – õlis sülitades – kauniks ja tumedaks, keerates neid üks kord, kokku 6–8 minutit. Vajadusel lisage partiide küpsetamise ajal õli. Kui see on valmis, peaksid baklažaanitükid olema keskelt täiesti pehmed. Tõsta pannilt ja nõruta paberrätikutel.

c) Valmista tükeldatud salat, segades kõik ained omavahel ja maitsestades maitse järgi soola ja pipraga.

d) Vahetult enne serveerimist aseta igale taldrikule 1 viil leiba või pitat. Tõsta igale viilule 1 supilusikatäis tahini kastet, seejärel aseta baklažaaniviilud peale, kattudes. Nirista peale veel tahinit, kuid baklažaaniviile täielikult katmata. Maitsesta iga munaviilu soola ja pipraga ning laota baklažaani peale. Nirista peale veel tahinit ja lusikaga peale nii palju zhougi kui soovid; ole ettevaatlik, see on kuum! Soovi korral tõsta peale ka mangohapukurk. Serveeri köögiviljasalatit, soovi korral lusikaga iga portsjoni peale.

45. Latkes

Mark: 12 LATKES

KOOSTISOSAD

- 5½ tassi / 600 g kooritud ja riivitud üsna vahajas kartul, näiteks Yukon Gold
- 2¾ tassi / 300 g kooritud ja riivitud pastinaaki
- ⅔ tassi / 30 g murulauku, peeneks hakitud
- 4 munavalget
- 2 spl maisitärklist
- 5 spl / 80 g soolamata võid
- 6½ spl / 100 ml päevalilleõli
- soola ja värskelt jahvatatud musta pipart
- hapukoor, serveerimiseks

JUHISED

a) Loputage kartul suures kausis külmas vees. Nõruta kurnis, pigista liigne vesi välja ja laota kartul puhtale köögirätikule täielikult kuivama.
b) Sega suures kausis kokku kartul, pastinaak, murulauk, munavalged, maisitärklis, 1 tl soola ja rohkelt musta pipart.
c)
d) Kuumuta pool võist ja pool õlist suurel pannil keskmisel-kõrgel kuumusel. Valige oma kätega umbes 2 supilusikatäit latke segu, pigistage tugevalt, et osa vedelikust eemaldada, ja vormige õhukesed pätsikesed, mille paksus on umbes 3/8 tolli / 1 cm ja läbimõõt 3¼ tolli / 8 cm. Asetage pannile ettevaatlikult nii palju latke, kui mugavalt mahub, lükake need õrnalt alla ja tasandage lusikaseljaga. Prae keskmisel-kõrgel kuumusel 3 minutit mõlemalt poolt. Latked peavad olema väljast täiesti pruunid. Eemaldage praetud latked õlist, asetage paberrätikutele ja hoidke ülejäänud küpsetamise ajal soojas. Vajadusel lisa ülejäänud või ja õli. Serveeri korraga hapukoorega kõrvale.

46. **Hannukah Falafel**

Valmistab: UMBES 20 PALLI

KOOSTISOSAD

- 1¼ tassi / 250 g kuivatatud kikerherneid
- ½ keskmist sibulat, peeneks hakitud (½ tassi / kokku 80 g)
- 1 küüslauguküüs, purustatud
- 1 spl peeneks hakitud lamedate lehtedega peterselli
- 2 spl peeneks hakitud koriandrit
- ¼ tl Cayenne'i pipart
- ½ tl jahvatatud köömneid
- ½ tl jahvatatud koriandrit
- ¼ tl jahvatatud kardemoni
- ½ tl küpsetuspulbrit
- 3 spl vett
- 1½ sl universaalset jahu
- umbes 3 tassi / 750 ml päevalilleõli, friteerimiseks
- ½ tl seesamiseemneid, katmiseks
- soola

JUHISED

a) Asetage kikerherned suurde kaussi ja katke külma veega, mis on vähemalt kaks korda suurem. Tõsta üleöö leotama.
b) Järgmisel päeval nõrutage kikerherned hästi ja ühendage need sibula, küüslaugu, peterselli ja koriandriga. Parimate tulemuste saamiseks kasutage järgmise osa jaoks hakklihamasinat. Pange kikerhernesegu üks kord läbi masina, seadke see kõige peenemasse asendisse, seejärel laske see teist korda läbi masina. Kui sul pole hakklihamasinat, kasuta köögikombaini. Loksutage segu partiidena, pulseerides igaühte 30–40 sekundit, kuni see on peeneks hakitud, kuid mitte pudrune ega pastaline, ja hoiab end koos. Pärast töötlemist lisage vürtsid, küpsetuspulber, ¾ tl soola, jahu ja vesi. Sega käega hästi ühtlaseks ja ühtlaseks. Kata segu kaanega ja jäta külmikusse vähemalt 1 tunniks või kuni kasutusvalmis.

c) Täitke sügav, paksu põhjaga keskmise suurusega kastrul nii palju õli, et see ulatuks panni külgedest 2¾ tolli / 7 cm võrra ülespoole. Kuumutage õli temperatuurini 350 °F / 180 °C.
d) Vajutage märgade kätega 1 supilusikatäis segu peopesale, et moodustada väikese kreeka pähkli suurune kotlet või pall, umbes 1 unts / 25 g (selleks võite kasutada ka märga jäätiselussi).).
e) Puista pallid ühtlaselt seesamiseemnetega ja prae neid partiidena 4 minutit, kuni need on hästi pruunistunud ja läbi küpsenud. On oluline, et need kuivaksid seestpoolt, nii et veenduge, et neil oleks õlis piisavalt aega. Nõruta paberrätikutega vooderdatud kurnis ja serveeri kohe.

47. Nisumarjad ja Šveitsi mangold granaatõunamelassiga

Valmistab: 4

KOOSTISOSAD

- 1⅓ nael / 600 g mangold või vikerkaare mangol
- 2 spl oliiviõli
- 1 spl soolata võid
- 2 suurt porrulauku, valged ja kahvaturohelised osad, õhukesteks viiludeks (3 tassi / kokku 350 g)
- 2 spl helepruuni suhkrut
- umbes 3 spl granaatõuna melassi
- 1¼ tassi / 200 g kooritud või koorimata nisumarju
- 2 tassi / 500 ml kanapuljongit
- soola ja värskelt jahvatatud musta pipart
- Kreeka jogurt, serveerimiseks

JUHISED

a) Eraldage mangoldi valged varred rohelistest lehtedest väikese terava noaga. Lõika varred ⅜-tollisteks / 1 cm viiludeks ja lehed ¾-tollisteks / 2 cm viiludeks.

b) Kuumuta suurel paksupõhjalisel pannil õli ja või. Lisa porru ja küpseta segades 3–4 minutit. Lisage mangoldi varred ja küpseta 3 minutit, seejärel lisage lehed ja küpseta veel 3 minutit. Lisa suhkur, 3 spl granaatõunamelassi ja nisumarjad ning sega korralikult läbi. Lisage puljong, ¾ teelusikatäit soola ja veidi musta pipart, keetke tasasel tulel ja keetke kaanega madalal kuumusel 60–70 minutit. Nisu peaks sel hetkel olema al dente.

c) Eemaldage kaas ja vajadusel suurendage kuumust ning laske ülejäänud vedelikul aurustuda. Panni põhi peaks olema kuiv ja sellel peaks olema veidi kõrbenud karamelli. Tõsta tulelt.

d) Enne serveerimist maitse ja vajadusel lisa melassi, soola ja pipart; tahad seda teravat ja magusat, nii et ära ole oma melassiga häbelik. Serveeri soojalt, kreeka jogurtiga.

48. Hannukah Balilah

Valmistab: 4

KOOSTISOSAD
- 1 tass / 200 g kuivatatud kikerherneid
- 1 tl söögisoodat
- 1 tass / 60 g hakitud lehtpeterselli
- 2 rohelist sibulat, õhukeselt viilutatud
- 1 suur sidrun
- 3 spl oliiviõli
- 2½ tl jahvatatud köömneid
- soola ja värskelt jahvatatud musta pipart

JUHISED
a) Pane eelmisel õhtul kikerherned suurde kaussi ja kata külma veega, mis on vähemalt kaks korda suurem. Lisage söögisoodat ja laske toatemperatuuril üleöö leotada.
b) Nõruta kikerherned ja aseta need suurde kastrulisse. Kata rohke külma veega ja aseta kõrgele kuumusele. Kuumuta keemiseni, koori vee pind, seejärel alanda kuumust ja hauta 1–1,5 tundi, kuni kikerherned on väga pehmed, kuid säilitavad siiski oma kuju.
c) Kuni kikerherned küpsevad, pane suurde segamisnõusse petersell ja roheline sibul. Koorige sidrun, lisades sellele koore ja saba, asetades lauale ja tõmmates väikese terava noaga mööda selle kõveraid, et eemaldada nahk ja valge südamik. Eemaldage nahk, säsi ja seemned ning tükeldage viljaliha jämedalt. Lisa kaussi viljaliha ja kõik mahlad.
d) Kui kikerherned on valmis, kurna ja lisa kaussi, kuni need on veel kuumad. Lisa oliiviõli, köömned, ¾ tl soola ja jahvatatud pipar. Sega hästi. Lase jahtuda soojaks, maitsesta maitsestamist ja serveeri.

49. Basmati riis ja orzo

Mark: 6

KOOSTISOSAD
- 1⅓ tassi / 250 g basmati riisi
- 1 spl sulatatud ghee-d või soolata võid
- 1 spl päevalilleõli
- ½ tassi / 85 g orzo
- 2½ tassi / 600 ml kanapuljongit
- 1 tl soola

JUHISED
a) Peske basmati riis hästi, asetage seejärel suurde kaussi ja katke rohke külma veega. Laske sellel 30 minutit leotada, seejärel kurnake.

b) Kuumuta ghee ja õli keskmisel-kõrgel kuumusel keskmise paksuse põhjaga kastrulis, mille jaoks sul on kaas. Lisa orzo ja prae 3–4 minutit, kuni terad muutuvad tumekuldseks. Lisa puljong, lase keema tõusta ja keeda 3 minutit. Lisa nõrutatud riis ja sool, kuumuta õrnalt keemiseni, sega üks või kaks korda, kata pann kaanega ja hauta väga madalal kuumusel 15 minutit. Ärge kiusake panni paljastama; peate laskma riisil korralikult aurutada.

c) Lülitage kuumus välja, eemaldage kaas ja katke pann kiiresti puhta köögirätikuga. Asetage kaas rätiku peale tagasi ja jätke 10 minutiks. Enne serveerimist aja riis kahvliga kohevaks.

50. Safraniriis lodjamarjade, pistaatsia ja ürtidega

Mark: 6

KOOSTISOSAD

- 2½ spl / 40 g soolamata võid
- 2 tassi / 360 g basmati riisi, loputa külma vee all ja nõruta hästi
- 2⅓ tassi / 560 ml keeva veega
- 1 tl safrani niidid, leotatud 3 spl keevas vees 30 minutit
- ¼ tassi / 40 g kuivatatud lodjamarju, leotatud mõneks minutiks keevas vees näpuotsatäie suhkruga
- 1 unts / 30 g tilli, jämedalt hakitud
- ⅔ untsi / 20 g kirvipuu, jämedalt hakitud
- ⅓ untsi / 10 g estragoni, jämedalt hakitud
- ½ tassi / 60 g viilutatud või purustatud soolamata pistaatsiapähkleid, kergelt röstitud
- soola ja värskelt jahvatatud valget pipart

JUHISED

a) Sulata või keskmises kastrulis ja sega hulka riis, veendudes, et terad on hästi võiga kaetud. Lisa keev vesi, 1 tl soola ja veidi valget pipart. Sega korralikult läbi, kata tihedalt suletava kaanega ja lase väga madalal kuumusel 15 minutit haududa. Ärge kiusake panni paljastama; peate laskma riisil korralikult aurutada.

b) Tõsta riisipann tulelt – riis on kogu vee endasse imanud – ja vala safraniveega riisi ühele küljele, kattes umbes veerandi pinnast ja jättes suurema osa sellest valgeks. Kata pann kohe rätikuga ja sule uuesti tihedalt kaanega. Jäta 5–10 minutiks kõrvale.

c) Eemaldage suure lusikaga riisi valge osa suurde segamisnõusse ja ajage see kahvliga kohevaks. Nõruta lodjamarjad ja sega sisse, seejärel maitsetaimed ja suurem osa pistaatsiapähklitest, jättes mõned kaunistuseks. Sega hästi. Puhastage safraniriis kahvliga ja keerake see õrnalt valge riisi hulka. Ärge segage üle – te ei soovi, et valged terad kollase värviga määriksid. Maitse ja maitsesta. Tõsta riis madalasse serveerimisnõusse ja puista peale ülejäänud pistaatsiapähklid. Serveeri soojalt või toatemperatuuril.

51. Basmati ja metsik riis kikerherneste, sõstarde ja ürtidega

Mark: 6

KOOSTISOSAD

- ⅓ tassi / 50 g metsikut riisi
- 2½ spl oliiviõli
- ümardatud 1 tass / 220 g basmati riisi
- 1½ tassi / 330 ml keeva veega
- 2 tl köömneid
- 1½ tl karripulbrit
- 1½ tassi / 240 g keedetud ja nõrutatud kikerherneid (konservid sobivad)
- ¾ tassi / 180 ml päevalilleõli
- 1 keskmine sibul, õhukeselt viilutatud
- 1½ tl universaalset jahu
- ⅔ tassi / 100 g sõstraid
- 2 spl hakitud lamedate lehtedega peterselli
- 1 spl hakitud koriandrit
- 1 spl hakitud tilli
- soola ja värskelt jahvatatud musta pipart

JUHISED

a) Alustuseks pane metsik riis väikesesse kastrulisse, kata rohke veega, lase keema tõusta ja lase podiseda umbes 40 minutit, kuni riis on küps, kuid siiski üsna kõva. Nõruta ja tõsta kõrvale.

b) Basmati riisi küpsetamiseks valage 1 supilusikatäis oliiviõli tihedalt suletava kaanega keskmisesse kastrulisse ja asetage see kõrgele kuumusele. Lisa riis ja ¼ teelusikatäit soola ning sega riisi soojendamise ajal. Lisa ettevaatlikult keev vesi, alanda kuumust väga madalale, kata pann kaanega ja jäta 15 minutiks keema.

c) Tõsta pann tulelt, kata puhta rätikuga ja seejärel kaanega ning jäta tulelt 10 minutiks seisma.

d) Riisi küpsemise ajal valmista kikerherned. Kuumuta väikeses potis kõrgel kuumusel ülejäänud 1½ spl oliiviõli. Lisage köömned ja karripulber, oodake paar sekundit ning seejärel lisage kikerherned ja ¼ teelusikatäit soola; tee seda kiiresti, muidu võivad vürtsid õlis kõrbeda. Segage kuumusel minut või paar, et kikerherned kuumeneks, seejärel tõstke suurde segamisnõusse.

e) Pühkige kastrul puhtaks, valage sisse päevalilleõli ja asetage kõrgele kuumusele. Veenduge, et õli oleks kuum, visates sisse väikese tüki sibulat; see peaks tugevalt särisema. Segage sibul kätega jahuga, et seda kergelt katta. Võtke osa sibulast ja asetage see ettevaatlikult (võib sülitada!) õli sisse. Prae 2–3 minutit kuni kuldpruunini, seejärel tõsta paberrätikutele nõrguma ja puista üle soolaga. Korrake partiide kaupa, kuni kogu sibul on praetud.

f) Lõpuks lisa kikerhernestele mõlemat tüüpi riis ning seejärel sõstrad, ürdid ja praetud sibul. Segage, maitsestage ja lisage oma maitse järgi soola ja pipart. Serveeri soojalt või toatemperatuuril.

52. Odrarisotto marineeritud fetaga

Valmistab: 4

KOOSTISOSAD
- 1 tass / 200 g pärl otra
- 2 spl / 30 g soolamata võid
- 6 spl / 90 ml oliiviõli
- 2 väikest sellerivart, lõigatud ¼-tollisteks / 0,5 cm kuubikuteks
- 2 väikest šalottsibulat, lõigatud ¼-tollisteks / 0,5 cm kuubikuteks
- 4 küüslauguküünt, lõigatud 1/16-tollisteks / 2 mm kuubikuteks
- 4 tüümianioksa
- ½ tl suitsutatud paprikat
- 1 loorberileht
- 4 riba sidrunikoort
- ¼ tl tšillihelbeid
- üks 14 untsi / 400 g purk tükeldatud tomatit
- 3 tassi / 700 ml köögiviljapuljongit
- 1¼ tassi / 300 ml passatat (sõelal purustatud tomatid)
- 1 spl köömneid
- 10½ untsi / 300 g fetajuustu, purustatud umbes ¾-tollisteks / 2 cm tükkideks
- 1 spl värskeid pune lehti
- soola

JUHISED

a) Loputa oder külma vee all korralikult läbi ja jäta nõrguma.
b) Sulata või ja 2 supilusikatäit oliiviõli väga suurel pannil ning küpseta sellerit, šalottsibulat ja küüslauku tasasel tulel 5 minutit, kuni need on pehmed. Lisa oder, tüümian, paprika, loorberileht, sidrunikoor, tšillihelbed, tomatid, puljong, passata ja sool. Sega segamiseks. Kuumuta segu keemiseni, alanda seejärel väga vaikselt keemiseni ja küpseta 45 minutit, sageli segades, et risoto ei jääks panni põhja. Valmis oder peaks olema pehme ja suurem osa vedelikust imendunud.
c) Samal ajal rösti köömneid kuival pannil paar minutit. Seejärel purusta need kergelt, nii et mõned terved seemned alles jääksid. Lisage need fetale ülejäänud 4 supilusikatäit / 60 ml oliiviõliga ja segage õrnalt.
d) Kui risoto on valmis, kontrollige maitsestust ja jagage see nelja madala kausi vahel. Valage igale peale marineeritud feta, sealhulgas õli, ja piserdage pune lehti.

53. Conchiglie jogurti, herneste ja Tšiiliga

Mark: 6

KOOSTISOSAD

- 2½ tassi / 500 g Kreeka jogurtit
- ⅔ tassi / 150 ml oliiviõli
- 4 küüslauguküünt, purustatud
- 1 nael / 500 g värskeid või sulatatud külmutatud herneid
- 1 nael / 500 g conchiglie pasta
- ½ tassi / 60 g seedermänni pähkleid
- 2 tl Türgi või Süüria tšillihelbeid (või vähem, olenevalt nende vürtsikusest)
- 1⅔ tassi / 40 g basiilikulehti, jämedalt rebitud
- 8 untsi / 240 g fetajuustu, tükkideks purustatud
- soola ja värskelt jahvatatud valget pipart

JUHISED

a) Pane jogurt, 6 spl / 90 ml oliiviõli, küüslauk ja ⅔ tassi / 100 g herneid köögikombaini. Blits ühtlaseks kahvaturoheliseks kastmeks ja tõsta suurde segamisnõusse.

b) Keeda pasta rohkes soolaga maitsestatud keevas vees al dente'ks. Pasta küpsemise ajal kuumutage ülejäänud oliiviõli väikesel praepannil keskmisel kuumusel. Lisa piiniapähklid ja tšillihelbed ning prae 4 minutit, kuni pähklid on kuldsed ja õli sügavpunane. Kuumuta ka ülejäänud herned keevas vees ja nõruta.

c) Nõruta keedetud pasta kurn, raputa korralikult, et vesi lahti saada, ja lisa pasta järk-järgult jogurtikastmesse; selle korraga lisamine võib põhjustada jogurti lõhenemist. Lisa soojad herned, basiilik, feta, 1 tl soola ja ½ tl valget pipart. Viska õrnalt, tõsta üksikutesse kaussidesse ja tõsta lusikaga peale piiniaseemned ja nende õli.

54. Mejadra

Mark: 6

KOOSTISOSAD

- 1¼ tassi / 250 g rohelisi või pruune läätsi
- 4 keskmist sibulat (1½ naela / 700 g enne koorimist)
- 3 spl universaalset jahu
- umbes 1 tass / 250 ml päevalilleõli
- 2 tl köömneid
- 1½ sl koriandri seemneid
- 1 tass / 200 g basmati riisi
- 2 spl oliiviõli
- ½ tl jahvatatud kurkumit
- 1½ tl jahvatatud piment
- 1½ tl jahvatatud kaneeli
- 1 tl suhkrut
- 1½ tassi / 350 ml vett
- soola ja värskelt jahvatatud musta pipart

JUHISED

a) Asetage läätsed väikesesse kastrulisse, katke rohke veega, laske keema tõusta ja keetke 12–15 minutit, kuni läätsed on pehmenenud, kuid neil on veel veidi näksimist. Nõruta ja tõsta kõrvale.

b) Koori sibulad ja viiluta õhukeseks. Tõsta suurele tasasele taldrikule, puista peale jahu ja 1 tl soola ning sega kätega korralikult läbi. Kuumuta päevalilleõli keskmise paksu põhjaga kastrulis, mis asetatakse kõrgele kuumusele. Veenduge, et õli oleks kuum, visates sisse väikese tüki sibulat; see peaks tugevalt särisema. Alanda kuumust keskmisele kõrgele ja lisa ettevaatlikult (võib sülitada!) üks kolmandik viilutatud sibulast. Prae 5–7 minutit, aeg-ajalt lusikaga segades, kuni sibul omandab kena kuldpruuni värvi ja muutub krõbedaks (reguleeri temperatuuri nii, et sibul liiga kiiresti ei praadiks ega kõrbeks). Tõsta lusikaga sibul paberrätikutega vooderdatud kurni ja puista peale veel veidi soola. Tehke sama kahe ülejäänud sibulapartiiga; vajadusel lisa veidi õli.

c) Pühkige kastrul, milles sibulat praadisite, puhtaks ning pange sisse köömned ja koriandriseemned. Asetage keskmisele kuumusele ja röstige seemneid minut või paar. Lisa riis, oliivõli, kurkum, piment, kaneel, suhkur, ½ tl soola ja rohkelt musta pipart. Sega, et riis oleks õliga kaetud, ning seejärel lisa keedetud läätsed ja vesi. Kuumuta keemiseni, kata kaanega ja hauta väga madalal kuumusel 15 minutit.

d) Tõsta tulelt, tõsta kaas pealt ja kata pann kiiresti puhta köögirätikuga. Sulgege tihedalt kaanega ja jätke 10 minutiks kõrvale.

e) Viimasena lisa pool praetud sibulast riisile ja läätsedele ning sega õrnalt kahvliga läbi. Kuhja segu madalasse serveerimisnõusse ja tõsta peale ülejäänud sibul.

55. Hannukah Maqluba

Mark: 4-6

KOOSTISOSAD

- 2 keskmist baklažaani (kokku 1½ naela / 650 g), lõigatud ¼-tollisteks / 0,5 cm viiludeks
- 1⅔ tassi / 320 g basmati riisi
- 6 kuni 8 kondita kana reied, nahaga, kokku umbes 1¾ naela / 800 g
- 1 suur sibul, pikuti neljaks lõigatud
- 10 tera musta pipart
- 2 loorberilehte
- 4 tassi / 900 ml vett
- päevalilleõli, praadimiseks
- 1 keskmine lillkapsas (1 nael / 500 g), jagatud suurteks õisikuteks
- sulavõi, panni määrimiseks
- 3 kuni 4 keskmiselt küpset tomatit (kokku 12 untsi / 350 g), lõigatud 0,5 cm paksusteks viiludeks
- 4 suurt küüslauguküünt, poolitatud
- 1 tl jahvatatud kurkumit
- 1 tl jahvatatud kaneeli
- 1 tl jahvatatud piment
- ¼ tl värskelt jahvatatud musta pipart
- 1 tl baharat vürtsisegu (poest ostetud võivaata retsepti)
- 3½ spl / 30 g piiniaseemneid, praetud 1 spl / 15 g ghees või soolamata võis kuldseks
- Jogurt kurgiga, serveerima
- soola

JUHISED

a) Asetage baklažaaniviilud paberrätikutele, puistake mõlemalt poolt soolaga ja jätke 20 minutiks, et osa veest kaoks.

b) Pese riis ja leota rohkes külmas vees ja 1 tl soolas vähemalt 30 minutit.

c) Samal ajal kuumuta suur kastrul keskmisel-kõrgel kuumusel ja prae kana 3–4 minutit mõlemalt poolt kuldpruuniks (kananahk peaks küpsetamiseks piisavalt õli tootma; vajadusel lisa veidi päevalilleõli). Lisa sibul, pipraterad, loorberilehed ja vesi. Kuumuta keemiseni, seejärel kata ja keeda tasasel tulel 20 minutit. Eemaldage kana pannilt ja asetage see kõrvale. Kurna puljong ja jäta hilisemaks tarbeks, eemalda rasvast.

d) Kana küpsetamise ajal kuumutage kastrulit või hollandi ahju, eelistatavalt mittenakkuvat ja umbes 24 cm läbimõõduga ja 12 cm sügavust, keskmisel-kõrgel kuumusel. Lisage nii palju päevalilleõli, et see oleks umbes ¾ tolli / 2 cm panni külgedest ülespoole. Kui hakkate nägema pinnale kerkivaid mullikesi, asetage ettevaatlikult (see võib sülitada!) mõned lillkapsaõisikud õli sisse ja praege kuni 3 minutit kuldpruuniks. Kasutage lõhikuga lusikat, et kanda esimene partii paberrätikutele ja puistata soolaga. Korrake ülejäänud lillkapsaga.

e) Patsutage baklažaaniviilud paberrätikutega kuivaks ja prae neid samamoodi partiidena.

f) Eemaldage õli pannilt ja pühkige pann puhtaks. Kui see ei ole mittenakkuv pann, vooderda põhi täpselt õigesse mõõtu lõigatud küpsetuspaberiga ja pintselda küljed sulavõiga. Nüüd olete valmis maqluba kihistamiseks.

g) Alustuseks asetage tomativiilud ühte kihti kattudes, seejärel baklažaaniviilud. Järgmisena lao lillkapsatükid ja kanakintsud. Nõruta riis hästi ja laota see viimasele kihile ning puista peale küüslaugutükid. Mõõtke välja 3 tassi / 700 ml reserveeritud kanapuljongit ja segage kõik vürtsid ja 1 tl soola. Valage see riisile ja seejärel vajutage seda õrnalt kätega alla, veendudes, et kogu riis on puljongiga kaetud. Vajadusel lisa veidi puljongit või vett.

h) Pane pann keskmisele kuumusele ja lase keema tõusta; puljong ei pea tugevalt podisema, kuid enne panni kaanega katmist, tule madalaks alandamist ja madalal kuumusel 30 minutit keetmist tuleb veenduda, et see keeb korralikult. Ärge kiusake panni paljastama; peate laskma riisil korralikult aurutada. Tõsta pann tulelt, tõsta kaas maha ja aseta pannile kiiresti puhas käterätik, seejärel sulge uuesti kaanega. Lase 10 minutit puhata.

i) Kui olete valmis, eemaldage kaas, pöörake avatud panni kohale suur ümmargune serveerimistaldrik või vaagen ning pöörake pann ja taldrik ettevaatlikult, kuid kiiresti kummuli, hoides mõlemast küljest kindlalt kinni. Jätke pann taldrikule 2–3 minutiks, seejärel tõstke see aeglaselt ja ettevaatlikult ära. Kaunista piiniaseemnetega ja serveeri koos kurgiga jogurtiga.

56. Kuskuss tomati ja sibulaga

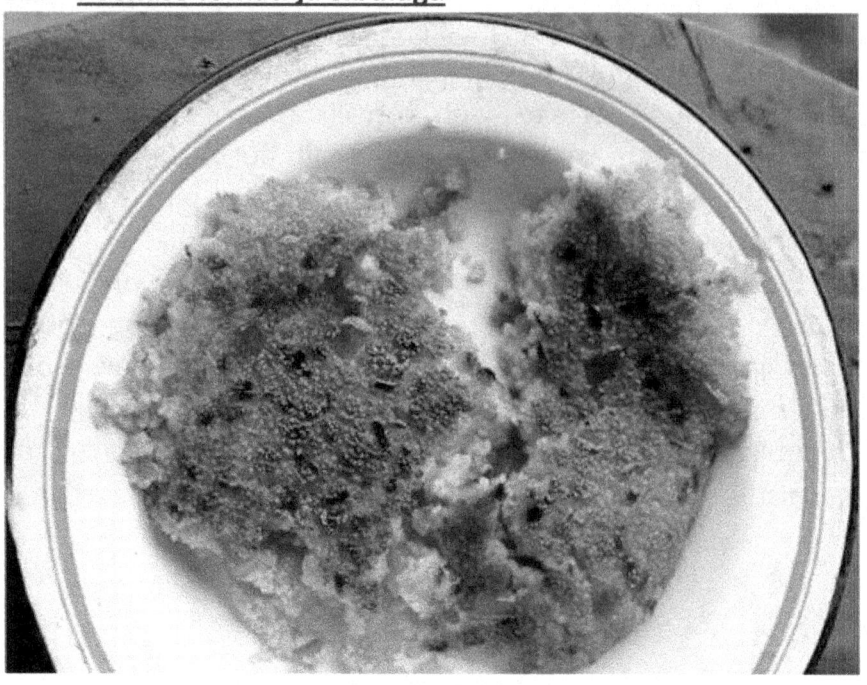

Valmistab: 4
KOOSTISOSAD
- 3 spl oliiviõli
- 1 keskmine sibul, peeneks hakitud (1 tass / 160 g kokku)
- 1 spl tomatipastat
- ½ tl suhkrut
- 2 väga küpset tomatit, lõigatud ¼-tollisteks / 0,5 cm kuubikuteks (kokku 1¾ tassi / 320 g)
- 1 tass / 150 g kuskussi
- 1 tass / 220 ml keevat kana- või köögiviljapuljongit
- 2½ spl / 40 g soolamata võid
- soola ja värskelt jahvatatud musta pipart

JUHISED

a) Valage 2 supilusikatäit oliiviõli umbes 8½ tolli / 22 cm läbimõõduga mittenakkuvale pannile ja asetage keskmisele kuumusele. Lisa sibul ja küpseta 5 minutit sageli segades, kuni see on pehmenenud, kuid mitte värvunud. Sega juurde tomatipasta ja suhkur ning keeda 1 minut. Lisa tomatid, ½ tl soola ja veidi musta pipart ning küpseta 3 minutit.

b) Vahepeal pane kuskuss madalasse kaussi, vala peale keeva puljongiga ja kata kilega. Tõsta 10 minutiks kõrvale, seejärel eemalda kate ja aja kuskuss kahvliga kohevaks. Lisa tomatikaste ja sega korralikult läbi.

c) Pühkige pann puhtaks ja kuumutage või ja ülejäänud 1 spl oliiviõli keskmisel kuumusel. Kui või on sulanud, tõsta kuskuss lusikaga pannile ja patsuta lusika tagumise küljega seda õrnalt, et see kõik oleks tihedalt pakitud. Katke pann kaanega, alandage kuumust madalaimale astmele ja laske kuskussil 10–12 minutit aurutada, kuni näete servade ümber helepruuni värvi. Kasutage nihkelabidat või nuga, et saaksite kuskussi serva ja panni külje vahele piiluda: soovite tõeliselt krõbedat serva kogu põhjale ja külgedele.

d) Pöörake suur taldrik panni peale ja keerake pann ja taldrik kiiresti ümber, vabastades kuskussi taldrikule. Serveeri soojalt või toatemperatuuril.

57. Vesikressi-kikerhernesupp roosiveega

Valmistab: 4

KOOSTISOSAD

- 2 keskmist porgandit (9 untsi / 250 g kokku), lõigatud ¾-tollisteks / 2 cm kuubikuteks
- 3 spl oliiviõli
- 2½ tl ras el hanout
- ½ tl jahvatatud kaneeli
- 1½ tassi / 240 g keedetud kikerherneid, värskeid või konserveeritud
- 1 keskmine sibul, õhukeselt viilutatud
- 2½ spl / 15 g kooritud ja peeneks hakitud värsket ingverit
- 2½ tassi / 600 ml köögiviljapuljongit
- 7 untsi / 200 g kressi
- 3½ untsi / 100 g spinatilehti
- 2 tl ülipeent suhkrut
- 1 tl roosivett
- soola
- Kreeka jogurt, serveerimiseks (valikuline)
- Kuumuta ahi temperatuurini 425 °F / 220 °C.

JUHISED

a) Sega porgandid 1 supilusikatäie oliiviõli, ras el hanouti, kaneeli ja näpuotsatäie soolaga ning laota küpsetuspaberiga kaetud küpsetuspannile. Asetage 15 minutiks ahju, seejärel lisage pooled kikerhernestest, segage hästi ja küpsetage veel 10 minutit, kuni porgand pehmeneb, kuid näkkab.

b) Vahepeal asetage sibul ja ingver suurde kastrulisse. Prae koos ülejäänud oliiviõliga keskmisel kuumusel umbes 10 minutit, kuni sibul on täiesti pehme ja kuldne. Lisa ülejäänud kikerherned, puljong, vesikress, spinat, suhkur ja ¾ tl soola, sega korralikult läbi ja kuumuta keemiseni. Küpseta minut või kaks, kuni lehed närbuvad.

c) Lülitage supp köögikombaini või blenderi abil ühtlaseks. Lisage roosivesi, segage, maitsestage ja soovi korral lisage soola või roosivett. Tõsta kõrvale, kuni porgand ja kikerherned on valmis, ning kuumuta serveerimiseks uuesti.

d) Serveerimiseks jaga supp nelja kaussi vahel ja lisa kuuma porgandi ja kikerhernestega ning soovi korral umbes 2 tl jogurtit portsjoni kohta.

58. Kuum jogurti- ja odrasupp

Valmistab: 4

KOOSTISOSAD

- 6¾ tassi / 1,6 liitrit vett
- 1 tass / 200 g pärl otra
- 2 keskmist sibulat, peeneks hakitud
- 1½ tl kuivatatud piparmünt
- 4 spl / 60 g soolamata võid
- 2 suurt muna, lahtiklopitud
- 2 tassi / 400 g Kreeka jogurtit
- ⅔ untsi / 20 g värsket piparmünti, hakitud
- ⅓ untsi / 10 g lamedate lehtedega peterselli, hakitud
- 3 rohelist sibulat, õhukeselt viilutatud
- soola ja värskelt jahvatatud musta pipart

JUHISED

a) Laske vesi koos odraga suures kastrulis keema, lisades 1 tl soola, ja keetke 15–20 minutit, kuni oder on keedetud, kuid siiski al dente. Tõsta tulelt. Pärast keetmist vajate supi jaoks 4¾ tassi / 1,1 liitrit keeduvedelikku; lisage vett, kui aurustumise tõttu jääb seda vähem.

b) Odra küpsemise ajal hautage sibulat ja kuivatatud piparmünti keskmisel kuumusel võis pehmeks, umbes 15 minutit. Lisa see keedetud odrale.

c) Klopi suures kuumakindlas segamiskausis lahti munad ja jogurt. Sega vahukulbiga aeglaselt sisse osa odrast ja veest, kuni jogurt on soojenenud. See karastab jogurtit ja mune ning peatab nende lõhenemise kuumale vedelikule lisamisel. Lisa jogurt supipotti ja tõsta pidevalt segades keskmisele kuumusele, kuni supp keeb väga kergelt. Tõsta tulelt, lisa hakitud ürdid ja roheline sibul ning kontrolli maitsestust. Serveeri kuumalt.

59. Cannellini oa- ja lambalihasupp

Valmistab: 4

KOOSTISOSAD
- 1 spl päevalilleõli
- 1 väike sibul (5 untsi / 150 g kokku), peeneks hakitud
- ¼ väikest sellerijuurt, kooritud ja lõigatud ¼-tollisteks / 0,5 cm kuubikuteks (6 untsi / 170 g kokku)
- 20 suurt küüslauguküünt, kooritud, kuid terved
- 1 tl jahvatatud köömneid
- 1 nael / 500 g lambahautist (või soovi korral veiseliha), lõigatud ¾-tollisteks / 2 cm kuubikuteks
- 7 tassi / 1,75 liitrit vett
- ½ tassi / 100 g kuivatatud cannellini või pinto ube, leotatud üleöö rohkes külmas vees, seejärel kurnatud
- 7 kardemonikauna, kergelt purustatud
- ½ tl jahvatatud kurkumit
- 2 spl tomatipastat
- 1 tl ülipeent suhkrut
- 9 untsi / 250 g Yukon Goldi või muud kollase viljalihaga kartulit, kooritud ja lõigatud ¾-tollisteks / 2 cm kuubikuteks
- soola ja värskelt jahvatatud musta pipart
- leib, serveerida
- serveerimiseks värskelt pressitud sidrunimahla
- hakitud koriandrit võiZhoug

JUHISED

a) Kuumutage õli suurel pannil ja küpsetage sibulat ja juursellerit keskmisel-kõrgel kuumusel 5 minutit või kuni sibul hakkab pruunistuma. Lisa küüslauguküüned ja köömned ning küpseta veel 2 minutit. Tõsta tulelt ja tõsta kõrvale.

b) Asetage liha ja vesi suurde kastrulisse või Hollandi ahju keskmisel kõrgel kuumusel, laske keema tõusta, alandage kuumust ja hautage 10 minutit, koorides sageli pinda, kuni saate selge puljongi. Lisa sibula ja juurselleri segu, nõrutatud oad, kardemon, kurkum, tomatipasta ja suhkur. Kuumuta keemiseni, kata kaanega ja hauta tasasel tulel 1 tund või kuni liha on pehme.

c) Lisa kartulid supile ja maitsesta 1 tl soola ja ½ tl musta pipraga. Kuumuta uuesti keemiseni, alanda kuumust ja hauta ilma kaaneta veel 20 minutit või kuni kartulid ja oad on pehmed. Supp peaks olema paks. Vajadusel laske sellel veidi kauem mullitada, et vähendada, või lisage veidi vett. Maitske ja lisage oma maitse järgi rohkem maitseaineid. Serveeri suppi leiva ja sidrunimahla ning värske hakitud koriandriga või zhougiga.

60. Mereandide ja apteegitilli supp

Valmistab: 4

KOOSTISOSAD

- 2 spl oliiviõli
- 4 küüslauguküünt, õhukeselt viilutatud
- 2 apteegitilli sibulat (kokku 10½ untsi / 300 g), kärbitud ja õhukesteks viiludeks lõigatud
- 1 suur vahajas kartul (7 untsi / 200 g kokku), kooritud ja lõigatud ⅔-tollisteks / 1,5 cm kuubikuteks
- 3 tassi / 700 ml kalapuljongit (või soovi korral kana- või köögiviljapuljongit)
- ½ keskmiselt konserveeritud sidrunit (½ untsi / kokku 15 g), poest ostetud võivaata retsepti
- 1 punane tšilli, viilutatud (valikuline)
- 6 tomatit (14 untsi / 400 g kokku), kooritud ja neljandikku lõigatud
- 1 spl magusat paprikat
- hea näputäis safranit
- 4 spl peeneks hakitud lamedate lehtedega peterselli
- 4 meriahvena fileed (kokku umbes 10½ untsi / 300 g), naha peal, pooleks lõigatud
- 14 rannakarpi (kokku umbes 8 untsi / 220 g)
- 15 merekarpi (kokku umbes 4½ untsi / 140 g)
- 10 tiigerkrevetti (kokku umbes 8 untsi / 220 g), koorega või kooritud ja tükeldatud
- 3 spl araki, ouzot või pernodi
- 2 tl hakitud estragoni (valikuline)
- soola ja värskelt jahvatatud musta pipart

JUHISED

a) Asetage oliiviõli ja küüslauk laiale madala äärega pannile ja küpsetage keskmisel kuumusel 2 minutit ilma küüslauku värvimata. Segage apteegitill ja kartul ning küpseta veel 3–4 minutit. Lisa puljong ja konserveeritud sidrun, maitsesta ¼ tl soola ja vähese musta pipraga, lase keema tõusta, seejärel kata kaanega ja keeda tasasel tulel 12–14 minutit, kuni kartulid on küpsed. Lisa tšilli (kui kasutad), tomatid, vürtsid ja pool petersellist ning küpseta veel 4–5 minutit.

b) Lisage sel hetkel veel kuni 1¼ tassi / 300 ml vett, lihtsalt nii palju, kui on vaja, et kala oleks pošeerimiseks lihtsalt kaetud, ja laske uuesti keema tõusta. Lisa meriahven ja karbid, kata pann ja lase päris ägedalt keeda 3–4 minutit, kuni karbid avanevad ja krevetid muutuvad roosaks.

c) Tõmmake kala ja karbid supist pilususikaga välja. Kui see on endiselt veidi vesine, laske supil veel paar minutit keeda, et see väheneks. Lisa arak ja maitsesta maitsestamiseks.

d) Lõpuks pange karbid ja kala supi sisse, et neid uuesti soojendada. Serveerige kohe, kaunistades ülejäänud peterselli ja estragoniga, kui kasutate.

61. Pistaatsia supp

Valmistab: 4

KOOSTISOSAD

- 2 spl keeva vett
- ¼ tl safrani niidid
- 1⅔ tassi / 200 g kooritud soolamata pistaatsiapähklid
- 2 spl / 30 g soolamata võid
- 4 šalottsibulat, peeneks hakitud (3½ untsi / 100 g kokku)
- 1 unts / 25 g ingverit, kooritud ja peeneks hakitud
- 1 porrulauk, peeneks hakitud (1¼ tassi / 150 g kokku)
- 2 tl jahvatatud köömneid
- 3 tassi / 700 ml kanapuljongit
- ⅓ tassi / 80 ml värskelt pressitud apelsinimahla
- 1 spl värskelt pressitud sidrunimahla
- soola ja värskelt jahvatatud musta pipart
- hapukoor, serveerimiseks

JUHISED

a) Kuumuta ahi temperatuurini 350 °F / 180 °C. Valage keev vesi väikeses topsis olevatele safranilõngadele ja laske 30 minutit tõmmata.

b) Pistaatsiakoorte eemaldamiseks blanšeeri pähkleid 1 minut keevas vees, nõruta ja veel kuumana eemalda pähklid näppude vahel vajutades. Kõik koored ei tule maha nagu mandlite puhul – see on hea, sest see ei mõjuta suppi, kuid mõnest koorest vabanemine parandab värvi, muutes selle erkrohelisemaks. Laota pistaatsiapähklid ahjuplaadile ja rösti ahjus 8 minutit. Eemaldage ja laske jahtuda.

c) Kuumuta või suures potis ja lisa šalottsibul, ingver, porrulauk, köömned, ½ tl soola ja veidi musta pipart. Prae keskmisel kuumusel sageli segades 10 minutit, kuni šalottsibul on täiesti pehme. Lisa puljong ja pool safranivedelikust. Kata pann kaanega, alanda kuumust ja lase supil 20 minutit podiseda.

d) Pange kõik pistaatsiapähklid peale 1 supilusikatäie suurde kaussi koos poole supist. Kasutage käeshoitavat blenderit, et segada ühtlaseks massiks ja seejärel panna see kastrulisse tagasi. Lisage apelsini- ja sidrunimahl, soojendage uuesti ja maitsestage, et maitsestada.

e) Serveerimiseks tükelda reserveeritud pistaatsiapähklid jämedalt. Tõsta kuum supp kaussidesse ja tõsta peale lusikatäis hapukoort. Puista peale pistaatsiapähklid ja nirista peale ülejäänud safranivedelik.

62. Põletatud baklažaani ja mograbiehi supp

Valmistab: 4

KOOSTISOSAD

- 5 väikest baklažaani (kokku umbes 2½ naela / 1,2 kg)
- päevalilleõli, praadimiseks
- 1 sibul, viilutatud (umbes 1 tass / kokku 125 g)
- 1 spl värskelt jahvatatud köömneid
- 1½ tl tomatipastat
- 2 suurt tomatit (12 untsi / 350 g kokku), kooritud ja kuubikuteks lõigatud
- 1½ tassi / 350 ml kana- või köögiviljapuljongit
- 1⅔ tassi / 400 ml vett
- 4 küüslauguküünt, purustatud
- 2½ tl suhkrut
- 2 spl värskelt pressitud sidrunimahla
- ⅓ tassi / 100 g mograbieh või alternatiiv, näiteks maftoul, fregola või hiiglaslik kuskuss (vtJaotis kuskussi kohta)
- 2 spl hakitud basiilikut või 1 spl hakitud tilli (valikuline).
- soola ja värskelt jahvatatud musta pipart

JUHISED

a) Alustage kolme baklažaani põletamisega. Selleks järgige juhiseidPõletatud baklažaan küüslaugu, sidruni ja granaatõunaseemnetega.
b) Lõika ülejäänud baklažaanid ⅔-tollisteks / 1,5 cm kuubikuteks. Kuumutage suures kastrulis keskmiselt kõrgel kuumusel umbes ⅔ tassi / 150 ml õli. Kui see on kuum, lisa baklažaanikuubikud. Prae sageli segades 10–15 minutit, kuni see on kõikjalt värvunud; lisa vajadusel veel veidi õli, et pannil oleks alati veidi õli. Eemaldage baklažaan, asetage kurn nõrguma ja puistake soolaga.
c) Veenduge, et pannile jääks umbes 1 spl õli, seejärel lisage sibul ja köömned ning praege sageli segades umbes 7 minutit. Lisage tomatipasta ja küpseta veel minut enne tomatite, puljongi, vee,

küüslaugu, suhkru, sidrunimahla, 1½ tl soola ja musta pipra lisamist. Hauta vaikselt 15 minutit.
d) Vahepeal lase keema väike kastrul soolaga maitsestatud vett ja lisa mograbieh või alternatiiv. Küpseta kuni al dente; see erineb olenevalt kaubamärgist, kuid see peaks võtma 15–18 minutit (kontrollige pakendit). Nõruta ja värskenda külma vee all.
e) Tõsta kõrbenud baklažaani viljaliha supi sisse ja lase käeshoitava segistiga ühtlaseks vedelikuks. Lisage mograbieh ja praetud baklažaan, jättes mõned lõpus kaunistamiseks, ja hautage veel 2 minutit. Maitse ja maitsesta. Serveeri kuumalt, reserveeritud mograbieh'i ja praetud baklažaaniga ning kaunista basiiliku või tilliga, kui soovite.

63. Tomati ja juuretisega supp

Valmistab: 4

KOOSTISOSAD

- 2 spl oliiviõli, pluss veel lõpetuseks
- 1 suur sibul, hakitud (1⅔ tassi / kokku 250 g)
- 1 tl köömneid
- 2 küüslauguküünt, purustatud
- 3 tassi / 750 ml köögiviljapuljongit
- 4 suurt küpset tomatit, tükeldatud (4 tassi / kokku 650 g)
- üks 14 untsi / 400 g purk tükeldatud Itaalia tomateid
- 1 spl ülipeent suhkrut
- 1 viil juuretisega leiba (1½ untsi / 40 g kokku)
- 2 spl hakitud koriandrit, lisaks veel viimistluseks
- soola ja värskelt jahvatatud musta pipart

JUHISED

a) Kuumuta keskmisel kastrulis õli ja lisa sibul. Prae umbes 5 minutit, sageli segades, kuni sibul on läbipaistev. Lisa köömned ja küüslauk ning prae 2 minutit. Vala puljong, mõlemat tüüpi tomatid, suhkur, 1 tl soola ja korralik jahvatatud must pipar.

b) Kuumuta supp tasasel tulel ja keeda 20 minutit, lisades poole küpsemise ajal tükkideks rebitud leib. Lõpuks lisage koriander ja seejärel segage segisti abil mõne kaunviljaga, et tomatid laguneksid, kuid oleksid siiski veidi jämedad ja tükid. Supp peaks olema üsna paks; lisage veidi vett, kui see on praegu liiga paks. Serveeri õliga üle piserdatud ja värske koriandriga üle puistatud.

64. Selge kanasupp knaidlachiga

Valmistab: 4
KOOSTISOSAD
- 1 vabapidamisel peetav kana, umbes 4½ naela / 2 kg, jagatud veeranditeks, koos kõigi luudega ja sisetükkidega, kui saate neid, ja lisatiivad või luud, mille lihunikust saate
- 1½ tl päevalilleõli
- 1 tass / 250 ml kuiva valget veini
- 2 porgandit, kooritud ja lõigatud ¾-tollisteks / 2 cm viiludeks (kokku 2 tassi / 250 g)
- 4 sellerivart (kokku umbes 10½ untsi / 300 g), lõigatud 2½-tollisteks / 6 cm tükkideks
- 2 keskmist sibulat (kokku umbes 12 untsi / 350 g), lõigatud 8 viiluks
- 1 suur naeris (7 untsi / 200 g), kooritud, kärbitud ja 8 osaks lõigatud
- 2 untsi / 50 g hunnikut lamedate lehtedega peterselli
- 2 untsi / 50 g hunnik koriandrit
- 5 tüümianioksa
- 1 väike rosmariini oks
- ¾ untsi / 20 g tilli, millele lisandub kaunistuseks
- 3 loorberilehte
- 3½ untsi / 100 g värsket ingverit, õhukesteks viiludeks
- 20 tera musta pipart
- 5 pimenti marja
- soola

KNAIDLACH (Margid: 12-15)
- 2 eriti suurt muna
- 2½ spl / 40 g margariini või kanarasva, sulata ja lase veidi jahtuda
- 2 spl peeneks hakitud lamedate lehtedega peterselli
- ⅔ tass / 75 g matsoeine
- 4 spl soodavett
- soola ja värskelt jahvatatud musta pipart

JUHISED

a) Knaidlachi valmistamiseks vahusta munad keskmises kausis vahuseks. Klopi sisse sulatatud margariin, seejärel ½ tl soola, veidi musta pipart ja peterselli. Segage järk-järgult matzo jahu, seejärel soodavesi ja segage ühtlaseks pastaks. Kata kauss ja jahuta taigen, kuni see on külm ja tahke, vähemalt tund või kaks ja kuni 1 päev ette.

b) Vooderda küpsetusplaat kilega. Vormi taignast märgade käte ja lusikaga väikeste kreeka pähklite suurused pallid ja aseta need ahjuplaadile.

c) Viska matsopallid suurde potti, kus on õrnalt keev soolaga maitsestatud vesi. Kata osaliselt kaanega ja alanda kuumust madalale. Hauta õrnalt, kuni see on pehme, umbes 30 minutit.

d) Tõsta knaidlach lõhikuga lusikaga puhtale küpsetusplaadile, kus nad saavad jahtuda, ja seejärel kuni päevaks jahedas. Või võivad nad minna otse kuuma supi sisse.

e) Supi jaoks eemaldage kana liigne rasv ja visake ära. Valage õli väga suurde kastrulisse või Hollandi ahju ja praege kanatükke kõrgel kuumusel igast küljest 3–4 minutit. Eemaldage pannilt, visake õli ära ja pühkige pann puhtaks. Lisa vein ja lase minut aega mullitada. Pange kana tagasi, katke veega ja keetke väga õrnalt. Hauta umbes 10 minutit, koorides saast ära. Lisa porgand, seller, sibul ja naeris. Seo kõik ürdid nööriga kimpu ja lisa potti. Lisa loorberilehed, ingver, pipraterad, piment ja 1½ teelusikatäit soola ning vala seejärel nii palju vett, et kõik oleks hästi kaetud.

f) Keeda supp väga õrnalt keemiseni ja keeda pool tundi, aeg-ajalt koorides ja vajadusel vett lisades, et kõik oleks hästi kaetud. Tõsta kana supist ja eemalda liha kontidelt. Hoidke liha kausis vähese puljongiga, et see oleks niiske, ja jahutage; reserveerida muuks kasutamiseks. Pane kondid potti tagasi ja hauta veel tund aega, lisades vett täpselt nii palju, et kondid ja köögiviljad oleksid kaetud. Kurna kuum supp ja visake ürdid, köögiviljad ja luud ära. Soojendage keedetud knaidlach supi sees. Kui need on kuumad, serveerige supp ja knaidlach tilliga üle puistatud madalates kaussides.

65. Vürtsikas freekeh supp lihapallidega

Mark: 6
LIHAPALLID

KOOSTISOSAD
- 14 untsi / 400 g veise-, lamba- või mõlema kombinatsiooni
- 1 väike sibul (5 untsi / 150 g kokku), peeneks hakitud
- 2 spl peeneks hakitud lamedate lehtedega peterselli
- ½ tl jahvatatud piment
- ¼ tl jahvatatud kaneeli
- 3 spl universaalset jahu
- 2 spl oliiviõli
- soola ja värskelt jahvatatud musta pipart
- SUPPI
- 2 spl oliiviõli
- 1 suur sibul (9 untsi / 250 g kokku), tükeldatud
- 3 küüslauguküünt, purustatud
- 2 porgandit (9 untsi / 250 g kokku), kooritud ja lõigatud ⅜-tollisteks / 1 cm kuubikuteks
- 2 sellerivart (kokku 5 untsi / 150 g), lõigatud ⅜-tollisteks / 1 cm kuubikuteks
- 3 suurt tomatit (12 untsi / 350 g kokku), tükeldatud
- 2½ spl / 40 g tomatipastat
- 1 spl baharat vürtsisegu (poest ostetud võivaata retsepti)
- 1 spl jahvatatud koriandrit
- 1 kaneelipulk
- 1 spl ülipeent suhkrut
- 1 tass / 150 g krakitud freekeh
- 2 tassi / 500 ml veiselihapuljongit
- 2 tassi / 500 ml kanapuljongit
- 3¼ tassi / 800 ml kuuma vett
- ⅓ untsi / 10 g koriandrit, hakitud
- 1 sidrun, lõigatud 6 viilu

JUHISED

a) Alusta lihapallidest. Segage suures kausis liha, sibul, petersell, piment, kaneel, ½ tl soola ja ¼ tl pipart. Sega kätega korralikult läbi, seejärel vormi segust pingpongi suurused pallid ja veereta neid jahus; saad umbes 15. Kuumuta oliiviõli suures Hollandi ahjus ja prae lihapallid keskmisel kuumusel paar minutit, kuni need on igast küljest kuldpruunid. Eemalda lihapallid ja tõsta kõrvale.

b) Pühkige pann paberrätikutega ja lisage supi jaoks oliiviõli. Prae keskmisel kuumusel sibulat ja küüslauku 5 minutit. Sega juurde porgand ja seller ning küpseta 2 minutit. Lisage tomatid, tomatipasta, vürtsid, suhkur, 2 tl soola ja ½ tl pipart ning küpseta veel 1 minut. Segage freekeh ja küpseta 2 kuni 3 minutit. Lisa puljongid, kuum vesi ja lihapallid. Kuumuta keemiseni, alanda kuumust ja hauta veel 35–45 minutit, aeg-ajalt segades, kuni freekeh on lihav ja pehme. Supp peaks olema üsna paks. Vajadusel vähendage või lisage veidi vett. Lõpuks maitse ja maitsesta.

c) Vala kuum supp serveerimiskaussidesse ja puista peale koriandrit. Kõrvale serveeri sidruniviile.

66. Lambatäidisega küdoonia granaatõuna ja koriandriga

Valmistab: 4

KOOSTISOSAD

- 14 untsi / 400 g jahvatatud lambaliha
- 1 küüslauguküüs, purustatud
- 1 punane tšilli, tükeldatud
- ⅔ untsi / 20 g koriandrit, hakitud, pluss 2 spl, kaunistamiseks
- ½ tassi / 50 g riivsaia
- 1 tl jahvatatud piment
- 2 spl peeneks riivitud värsket ingverit
- 2 keskmist sibulat, peeneks hakitud (1⅓ tassi / 220 g kokku)
- 1 suur vabapidamisel peetav muna
- 4 küdooniat (kokku 2¾ naela / 1,3 kg)
- ½ sidruni mahl ja 1 spl värskelt pressitud sidrunimahla
- 3 spl oliiviõli
- 8 kardemonikauna
- 2 tl granaatõuna melassi
- 2 tl suhkrut
- 2 tassi / 500 ml kanapuljongit
- ½ granaatõuna seemned
- soola ja värskelt jahvatatud musta pipart

JUHISED

a) Asetage lambaliha segamisnõusse koos küüslaugu, tšilli, koriandri, riivsaia, pipra, poole ingveri, poole sibula, muna, ¾ tl soola ja pipraga. Sega kätega korralikult läbi ja tõsta kõrvale.

b) Koori küdooniad ja poolita pikuti. Pange need külma vee kaussi koos poole sidruni mahlaga, et need pruuniks ei muutuks. Kasutage seemnete eemaldamiseks melonipalli või väikest lusikat ja seejärel õõnestage küdooniapoolikud, nii et teile jääks 1,5-tolline kest. Jätke kühveldatud viljaliha alles. Täida lohud lambalihaseguga, surudes seda kätega alla.

c) Kuumuta oliiviõli suurel pannil, mille jaoks sul on kaas. Asetage küdoonia viljaliha köögikombaini, hakkige hästi, seejärel viige segu koos ülejäänud sibula, ingveri ja kardemonikaunadega pannile. Prae 10–12 minutit, kuni sibul on pehmenenud. Lisage melass, 1 spl sidrunimahla, suhkur, puljong, ½ tl soola ja veidi musta pipart ning segage hästi. Lisage kastmele küdooniapoolikud, lihatäidisega ülespoole, alandage kuumust vaikselt keemiseni, katke pann kaanega ja küpseta umbes 30 minutit. Lõpus peaks küdoonia olema täiesti pehme, liha hästi küpsenud ja kaste paks. Tõsta kaas ja hauta minut-paar, et kastet vajadusel vähendada.

d) Serveeri soojalt või toatemperatuuril, puista peale koriandrit ja granaatõunaseemneid.

67. Naeris ja vasikaliha "kook"

Valmistab: 4

KOOSTISOSAD

- 1⅔ tassi / 300 g basmati riisi
- 14 untsi / 400 g vasika-, lamba- või veiseliha
- ½ tassi / 30 g hakitud lamedate lehtedega peterselli
- 1½ tl baharati vürtsisegu (poest ostetud võivaata retsepti)
- ½ tl jahvatatud kaneeli
- ½ tl tšillihelbeid
- 2 spl oliiviõli
- 10–15 keskmist kaalikat (kokku 3¼ naela / 1,5 kg)
- umbes 1⅔ tassi / 400 ml päevalilleõli
- 2 tassi / 300 g tükeldatud tomateid, konserveeritud on hea
- 1½ spl tamarindipastat
- ¾ tassi pluss 2 spl / 200 ml kanapuljongit, kuum
- 1 tass / 250 ml vett
- 1½ sl ülipeent suhkrut
- 2 tüümianioksa, lehed korjatud
- soola ja värskelt jahvatatud musta pipart

JUHISED

a) Pese riis ja nõruta hästi. Asetage suurde segamisnõusse ja lisage liha, petersell, baharat, kaneel, 2 tl soola, ½ tl pipart, tšilli ja oliiviõli. Sega korralikult läbi ja tõsta kõrvale.

b) Koori kaalikas ja lõika need ⅜ tolli / 1 cm paksusteks viiludeks. Kuumuta päevalilleõli keskmisel-kõrgel kuumusel nii palju, et see tõuseks ¾ tolli / 2 cm võrra suure panni külgedele. Prae kaalikaviile partiidena 3–4 minutit, kuni need on kuldsed. Tõsta paberrätikutega vooderdatud taldrikule, puista peale veidi soola ja lase jahtuda.

c) Pane tomatid, tamarind, puljong, vesi, suhkur, 1 tl soola ja ½ tl pipart suurde segamisnõusse. Klopi korralikult läbi. Valage umbes üks kolmandik vedelikust keskmise paksu põhjaga kastrulisse (läbimõõt 9½ tolli / 24 cm). Aseta üks kolmandik kaalikaviiludest sisse. Lisa pool riisisegust ja tasanda. Laota teine kiht kaalikat, millele järgneb teine pool riisi. Lõpeta viimaste naeristega, surudes kätega pehmelt alla. Vala ülejäänud tomativedelik kaalika- ja riisikihtidele ning puista peale tüümiani. Libistage spaatliga õrnalt poti külgi alla, et mahl saaks põhja voolata.

d) Asetage keskmisele kuumusele ja keetke. Alandage kuumust absoluutse miinimumini, katke kaanega ja hautage 1 tund. Eemaldage tulelt, avage kaas ja laske enne serveerimist 10–15 minutit puhata. Kahjuks ei saa kooki taldrikule ümber pöörata, kuna see ei hoia oma kuju, seega tuleb see lusikaga välja tõmmata.

68. Hannukah Täidisega sibul

Valmistab: UMBES 16 TÄIDIST SIBULAT

KOOSTISOSAD

- 4 suurt sibulat (2 naela / 900 g kokku, kooritud kaal) umbes 1⅔ tassi / 400 ml köögiviljapuljongit
- 1½ spl granaatõuna melassi
- soola ja värskelt jahvatatud musta pipart
- TÄIDIS
- 1½ spl oliiviõli
- 1 tass / 150 g peeneks hakitud šalottsibulat
- ½ tassi / 100 g lühiteralist riisi
- ¼ tassi / 35 g seedermänni pähkleid, purustatud
- 2 spl hakitud värsket piparmünt
- 2 spl hakitud lamedate lehtedega peterselli
- 2 tl kuivatatud piparmünt
- 1 tl jahvatatud köömneid
- ⅛ tl jahvatatud nelki
- ¼ tl jahvatatud piment
- ¾ tl soola
- ½ tl värskelt jahvatatud musta pipart
- 4 sidruni viilu (valikuline)

JUHISED

a) Koorige ja lõigake umbes 0,5 cm (0,5 cm) sibulate ülaosast ja sabadest maha, asetage tükeldatud sibulad rohke veega suurde kastrulisse, laske keema tõusta ja küpseta 15 minutit. Nõruta ja tõsta kõrvale jahtuma.

b) Täidise valmistamiseks kuumuta oliiviõli keskmisel pannil keskmisel kõrgel kuumusel ja lisa šalottsibul. Prae sageli segades 8 minutit, seejärel lisa kõik ülejäänud koostisosad, välja arvatud sidruniviilud. Keera kuumus madalaks ja jätka küpsetamist ning sega 10 minutit.

c) Tehke väikese noaga pikk sisselõige sibula ülaosast allapoole, ulatudes kuni selle keskpunktini, nii et igast sibulakihist jookseks läbi ainult üks pilu. Alustage sibulakihtide õrnalt üksteise järel eraldamist, kuni jõuate südamikuni. Ärge muretsege, kui mõni kiht koorimisest veidi läbi rebeneb; saate neid ikka kasutada.

d) Hoidke sibulakihti ühes tassis käes ja lusikaga umbes 1 supilusikatäis riisisegu poolele sibulale, asetades täidise ava ühte otsa. Ärge kiusake seda rohkem täitma, sest see peab olema kenasti ja mugavalt sisse pakendatud. Voldi sibula tühi pool täidisega külje peale ja rulli see tihedalt kokku, nii et riis oleks kaetud mõne sibulakihiga, mille keskel pole õhku. Aseta keskmisele pannile, mille jaoks sul on kaas, õmblus pool all ja jätka ülejäänud sibula ja riiseguga. Laota sibulad pannile kõrvuti, nii et ei jääks ruumi liikuda. Täitke kõik tühikud sibula osadega, mis pole täidisega. Lisa nii palju puljongit, et sibulad oleksid kolmveerandi ulatuses kaetud koos granaatõunamelassiga, ja maitsesta ¼ teelusikatäie soolaga.

e) Kata pann kaanega ja hauta madalaimal võimalikul kuumusel 1½ kuni 2 tundi, kuni vedelik on aurustunud. Serveeri soojalt või toatemperatuuril, soovi korral sidruniviiludega.

69. Hannukah Avage Kibbeh

Mark: 6

KOOSTISOSAD

- 1 tass / 125 g peent bulgurnisu
- 1 tass / 200 ml vett
- 6 spl / 90 ml oliiviõli
- 2 küüslauguküünt, purustatud
- 2 keskmist sibulat, peeneks hakitud
- 1 roheline tšilli, peeneks hakitud
- 12 untsi / 350 g jahvatatud lambaliha
- 1 tl jahvatatud piment
- 1 tl jahvatatud kaneeli
- 1 tl jahvatatud koriandrit
- 2 spl jämedalt hakitud koriandrit
- ½ tassi / 60 g seedermänni pähkleid
- 3 spl jämedalt hakitud lehtpeterselli
- 2 sl isekerkivat jahu, vajadusel veidi lisaks
- 3½ spl / 50 g heledat tahiinipastat
- 2 tl värskelt pressitud sidrunimahla
- 1 tl sumakit
- soola ja värskelt jahvatatud musta pipart

JUHISED

a) Kuumuta ahi temperatuurini 400 °F / 200 °C. Vooderda 8-tolline / 20 cm vedruvorm vahatatud paberiga.

b) Aseta bulgur suurde kaussi ja kata see veega. Jätke 30 minutiks.

c) Samal ajal kuumuta 4 supilusikatäit oliiviõli suurel pannil keskmisel-kõrgel kuumusel. Prae küüslauku, sibulat ja tšillit, kuni need on täiesti pehmed. Tõsta kõik pannilt, tõsta kõrgele tulele ja lisa lambaliha. Küpseta 5 minutit pidevalt segades, kuni see on pruun.

d) Pange sibulasegu pannile tagasi ja lisage vürtsid, koriander, ½ tl soola, ohtralt jahvatatud musta pipart ning enamik piiniaseemneid ja peterselli, jättes mõned kõrvale. Keeda paar minutit, tõsta tulelt, maitse ja maitsesta.

e) Kontrollige bulgurit, kas kogu vesi on imendunud. Järelejäänud vedeliku eemaldamiseks tühjendage. Lisa jahu, 1 supilusikatäis oliiviõli, ¼ tl soola ja näpuotsatäis musta pipart ning töötle kätega kõik elastseks seguks, mis lihtsalt hoiab koos; lisa veel veidi jahu, kui segu on väga kleepuv. Suruge tugevalt vedruvormi põhjale, et see oleks tihendatud ja tasandatud. Laota lambasegu ühtlaselt peale ja vajuta veidi alla. Küpseta umbes 20 minutit, kuni liha on üsna tumepruun ja väga kuum.

f) Ootamise ajal vahustage tahini pasta sidrunimahla, 3½ spl / 50 ml vee ja näputäie soolaga. Soovite väga paksu, kuid valatavat kastet. Vajadusel lisa veidi vett.

g) Võta kibbeh kook ahjust, määri pealt ühtlaselt tahini kastet, puista peale reserveeritud piiniaseemneid ja hakitud peterselli ning pane kohe ahju tagasi. Küpseta 10–12 minutit, kuni tahini on just tahenumas ja veidi värvunud ning piiniapähklid on kuldsed.

h) Eemaldage ahjust ja laske jahtuda, kuni see on soe või toatemperatuuril. Enne serveerimist puista pealt sumahhiga ja nirista peale ülejäänud õli. Eemalda ettevaatlikult panni küljed ja lõika kibbeh viiludeks. Tõstke neid õrnalt, et need katki ei läheks.

70. Kubbeh hamust

Mark: 6

KOOSTISOSAD

KUBBEH TÄIDIS
- 1½ sl päevalilleõli
- ½ keskmist sibulat, väga peeneks hakitud (½ tassi / kokku 75 g)
- 12 untsi / 350 g veisehakkliha
- ½ tl jahvatatud piment
- 1 suur küüslauguküüs, purustatud
- 2 kahvatut sellerivart, väga peeneks hakitud, või võrdne kogus tükeldatud sellerilehti (½ tassi / kokku 60 g)
- soola ja värskelt jahvatatud musta pipart
- KUBBEH JUHTUMID
- 2 tassi / 325 g manna
- 5 spl / 40 g universaalset jahu
- 1 tass / 220 ml kuuma vett
- SUPPI
- 4 küüslauguküünt, purustatud
- 5 sellerivart, lehed korjatud ja varred nurga all ⅔-tollisteks / 1,5 cm viiludeks lõigatud (kokku 2 tassi / 230 g)
- 10½ untsi / 300 g Šveitsi mangoldi lehti, ainult roheline osa, lõigatud ⅔-tollisteks / 2 cm ribadeks
- 2 spl päevalilleõli
- 1 suur sibul, jämedalt hakitud (1¼ tassi / 200 g kokku)
- 2 liitrit / 2 liitrit kanapuljongit
- 1 suur suvikõrvits, lõigatud ⅜-tollisteks / 1 cm kuubikuteks (kokku 1⅔ tassi / 200 g)
- 6½ spl / 100 ml värskelt pressitud sidrunimahla, vajadusel lisaks veel
- sidruniviilud, serveerimiseks

JUHISED

a) Kõigepealt valmista lihatäidis. Kuumuta keskmisel pannil õli ja lisa sibul. Küpseta keskmisel kuumusel, kuni see muutub läbipaistvaks, umbes 5 minutit. Lisage veiseliha, piment, ¾ teelusikatäit soola ja jahvatatud musta pipart ning segage küpsetamise ajal 3 minutit, et see pruunistuks. Alandage kuumust keskmisele madalale ja laske lihal aeg-ajalt segades aeglaselt küpseda umbes 20 minutit, kuni see on täiesti kuiv. Kõige lõpus lisa küüslauk ja seller, kuumuta veel 3 minutit ja tõsta tulelt. Maitse ja maitsesta. Laske jahtuda.

b) Veisesegu küpsemise ajal valmistage ette kubbeh-kastid. Sega suures segamiskausis manna, jahu ja ¼ teelusikatäit soola. Lisa vähehaaval vesi, segades puulusikaga ja seejärel kätega, kuni saad kleepuva taigna. Kata niiske lapiga ja jäta 15 minutiks kõrvale.

c) Sõtku tainast tööpinnal paar minutit. See peab olema elastne ja laialivalguv ilma pragudeta. Vajadusel lisa veidi vett või jahu. Pelmeenide valmistamiseks võtke kauss veega ja tehke käed märjaks (kleepumise vältimiseks veenduge, et käed oleksid kogu protsessi jooksul märjad). Võtke taignatükk, mis kaalub umbes 1 unts / 30 g, ja tasandage see peopesas; sihite kettaid läbimõõduga 4 tolli / 10 cm. Asetage keskele umbes 2 tl täidist. Pöörake servad täidise peale, et see kataks, ja seejärel sulgege see sees. Veeretage kubbeh käte vahel, et moodustada pall ja seejärel suruge see umbes 1¼ tolli / 3 cm paksuseks ümmarguseks lameda kujuga. Aseta pelmeenid kilega kaetud ja vähese veega üle niristatud alusele ning jäta kõrvale.

d) Supi jaoks pane küüslauk, pool sellerist ja pool chardin köögikombaini ja kuumuta jämedaks pastaks. Kuumuta õli suures kastrulis keskmisel kuumusel ja prae sibulat umbes 10 minutit, kuni see muutub helekuldseks. Lisa seller ja mangoldipasta ning küpseta veel 3 minutit. Lisa puljong, suvikõrvits, ülejäänud seller ja mangold, sidrunimahl, 1 tl soola ja ½ tl musta pipart. Kuumuta keemiseni ja keeda 10 minutit, seejärel maitse ja maitsesta. See peab olema terav, nii et vajadusel lisage veel üks supilusikatäis sidrunimahla.

e) Lõpuks lisage supile ettevaatlikult kubbeh – paar tükki korraga, et need üksteise külge ei kleepuks – ja hautage tasasel tulel 20 minutit. Jätke pooleks tunniks kõrvale, et need settiksid ja pehmeneksid, seejärel soojendage uuesti ja serveerige. Lisa sidruniviil, et saada ekstra sidrunimaine löök.

71. Täidetud Romano paprika

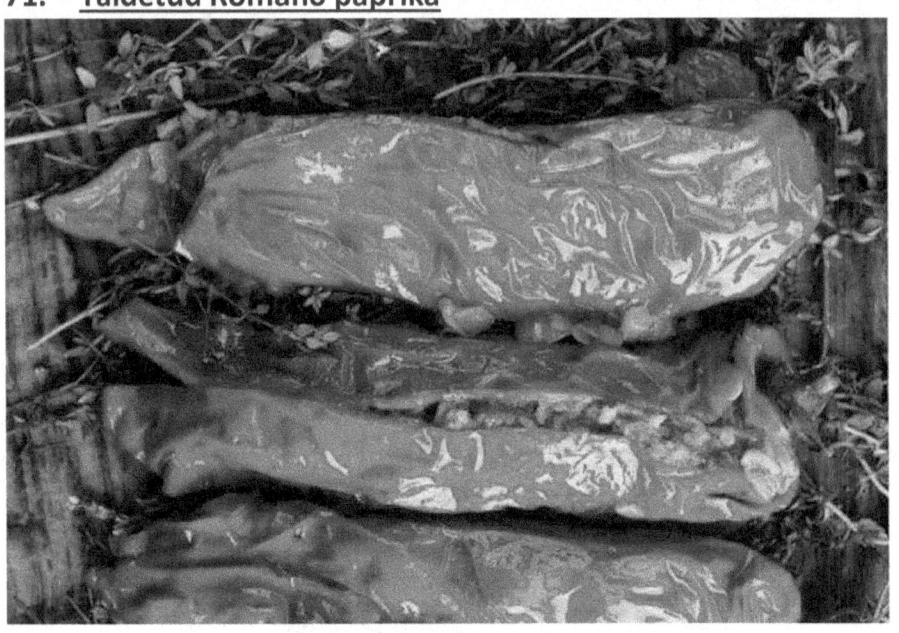

Mark: 4 LELDELT

KOOSTISOSAD
- 8 keskmist Romano või muud paprikat
- 1 suur tomat, jämedalt hakitud (1 tass / 170 g kokku)
- 2 keskmist sibulat, jämedalt hakitud (1⅔ tassi / kokku 250 g)
- umbes 2 tassi / 500 ml köögiviljapuljongit
- TÄIDIS
- ¾ tassi / 140 g basmati riisi
- 1½ spl baharati vürtsisegu (poest ostetud võivaata retsepti)
- ½ tl jahvatatud kardemoni
- 2 spl oliiviõli
- 1 suur sibul, peeneks hakitud (1⅓ tassi / 200 g kokku)
- 14 untsi / 400 g jahvatatud lambaliha
- 2½ spl hakitud lamedate lehtedega peterselli
- 2 spl hakitud tilli
- 1½ spl kuivatatud piparmünt
- 1½ tl suhkrut
- soola ja värskelt jahvatatud musta pipart

JUHISED

a) Alusta täidisega. Aseta riis kastrulisse ja kata kergelt soolaga maitsestatud veega. Lase keema tõusta ja seejärel keeda 4 minutit. Nõruta, värskenda külma vee all ja tõsta kõrvale.

b) Prae vürtsid pannil kuivaks. Lisa oliiviõli ja sibul ning prae sageli segades umbes 7 minutit, kuni sibul on pehme. Valage see koos riisi, liha, ürtide, suhkru ja 1 tl soolaga suurde segamisnõusse. Kasutage oma käsi, et kõik hästi kokku segada.

c) Alustades varre otsast, lõigake väikese noaga pikisuunas kolmveerand iga paprika pikkusest alla, ilma varre eemaldamata, luues pika ava. Ilma paprikat liiga palju avamata, eemaldage seemned ja seejärel täitke iga pipar võrdse koguse seguga.

d) Aseta tükeldatud tomat ja sibul väga suurele praepannile, mille jaoks sul on tihedalt suletav kaas. Asetage paprikad peale, tihedalt üksteise külge ja valage nii palju puljongit, et see ulatuks paprika külgedelt 1 cm kõrgusele. Maitsesta ½ tl soola ja vähese musta pipraga. Kata pann kaanega ja hauta madalaimal võimalikul kuumusel tund aega. On oluline, et täidis oleks lihtsalt aurutatud, nii et kaas peab tihedalt sobima; veenduge, et panni põhjas oleks alati natuke vedelikku. Serveeri paprikat soojalt, mitte kuumalt või toatemperatuuril.

72. Täidetud baklažaan lamba- ja seedermännipähklitega

Mark: 4 LELDELT

KOOSTISOSAD

- 4 keskmist baklažaani (umbes 2½ naela / 1,2 kg), pikuti poolitatud
- 6 spl / 90 ml oliiviõli
- 1½ tl jahvatatud köömneid
- 1½ sl magusat paprikat
- 1 spl jahvatatud kaneeli
- 2 keskmist sibulat (kokku 12 untsi / 340 g), peeneks hakitud
- 1 nael / 500 g jahvatatud lambaliha
- 7 spl / 50 g piiniaseemneid
- ⅔ untsi / 20 g lamedate lehtedega peterselli, hakitud
- 2 tl tomatipastat
- 3 tl ülipeent suhkrut
- ⅔ tassi / 150 ml vett
- 1½ spl värskelt pressitud sidrunimahla
- 1 tl tamarindipastat
- 4 kaneelipulka
- soola ja värskelt jahvatatud musta pipart

JUHISED

a) Kuumuta ahi temperatuurini 425 °F / 220 °C.

b) Asetage poolikud baklažaani, nahk allpool, röstimispannile, mis on piisavalt suur, et need mugavalt mahuks. Pintselda viljaliha 4 spl oliiviõliga ning maitsesta 1 tl soola ja rohke musta pipraga. Rösti umbes 20 minutit, kuni see on kuldpruun. Võta ahjust välja ja lase veidi jahtuda.

c) Baklažaanide küpsemise ajal võite alustada täidise valmistamist, kuumutades suurel pannil ülejäänud 2 spl oliiviõli. Sega kokku köömned, paprika ja jahvatatud kaneel ning lisa pannile pool sellest vürtsisegust koos sibulaga. Enne lambaliha, piiniapähklite, peterselli, tomatipasta, 1 tl suhkrut, 1 tl soola ja musta pipra lisamist küpseta keskmisel-kõrgel kuumusel umbes 8 minutit, sageli segades. Jätkake küpsetamist ja segage veel 8 minutit, kuni liha on küps.

d) Asetage ülejäänud vürtsisegu kaussi ja lisage vesi, sidrunimahl, tamarind, ülejäänud 2 tl suhkrut, kaneelipulgad ja ½ tl soola; sega hästi.

e) Alandage ahju temperatuuri 375 °F / 195 °C-ni. Vala vürtsisegu baklažaani röstimispanni põhja. Tõsta iga baklažaani peale lusikaga lambasegu. Kata pann tihedalt alumiiniumfooliumiga, pane tagasi ahju ja rösti 1½ tundi, selleks ajaks peaksid baklažaanid olema täiesti pehmed ja kaste paks; Küpsetamise ajal eemaldage foolium kaks korda ja määrige baklažaanid kastmega, lisades vett, kui kaste kuivab. Serveeri soojalt, mitte kuumalt või toatemperatuuril.

73. Täidisega kartul

Mark: 4-6

KOOSTISOSAD

- 1 nael / 500 g veisehakkliha
- umbes 2 tassi / 200 g saiapuru
- 1 keskmine sibul, peeneks hakitud (¾ tassi / kokku 120 g)
- 2 küüslauguküünt, purustatud
- ⅔ untsi / 20 g lamedate lehtedega peterselli, peeneks hakitud
- 2 spl tüümiani lehti, tükeldatud
- 1½ tl jahvatatud kaneeli
- 2 suurt vabapidamisel pekstud muna
- 3¼ naela / 1,5 kg keskmist Yukon Gold kartulit, umbes 3¾ x 2¼ tolli / 9 x 6 cm, kooritud ja pikuti poolitatud
- 2 spl hakitud koriandrit
- soola ja värskelt jahvatatud musta pipart

TOMATI KASTE

- 2 spl oliiviõli
- 5 küüslauguküünt, purustatud
- 1 keskmine sibul, peeneks hakitud (¾ tassi / kokku 120 g)
- 1½ sellerivart, peeneks hakitud (⅔ tassi / kokku 80 g)
- 1 väike porgand, kooritud ja peeneks hakitud (½ tassi / kokku 70 g)
- 1 punane tšilli, peeneks hakitud
- 1½ tl jahvatatud köömneid
- 1 tl jahvatatud piment
- näputäis suitsupaprikat
- 1½ tl magusat paprikat
- 1 tl köömneid, purustatud uhmris ja nuia või vürtsiveskiga
- üks 28 untsi / 800 g purk tükeldatud tomatit
- 1 spl tamarindipastat
- 1½ tl ülipeent suhkrut

JUHISED

a) Alusta tomatikastmega. Kuumuta oliiviõli kõige laiemal praepannil; selle jaoks läheb vaja ka kaant. Lisa küüslauk, sibul, seller, porgand ja tšilli ning prae madalal kuumusel 10 minutit, kuni köögiviljad on pehmed. Lisage vürtsid, segage hästi ja küpseta 2–3 minutit. Valage sisse tükeldatud tomatid, tamarind, suhkur, ½ tl soola ja veidi musta pipart ning laske keema tõusta. Tõsta tulelt.

b) Täidisega kartulite valmistamiseks pane veiseliha, riivsai, sibul, küüslauk, petersell, tüümian, kaneel, 1 tl soola, veidi musta pipart ja munad segamisnõusse. Kasutage oma käsi, et kõik koostisosad hästi kokku segada.

c) Õõnestage iga kartulipool melonipalli või teelusikaga, luues koore paksusega ⅔ tolli / 1,5 cm. Toppige lihasegu igasse õõnsusse, surudes seda kätega otse alla, nii et see täidaks kartuli täielikult. Suruge kõik kartulid ettevaatlikult tomatikastmesse nii, et need asetseksid lähestikku ja lihatäidis jääks ülespoole. Lisa umbes 1¼ tassi / 300 ml vett või täpselt nii palju, et pätsikesed kataks peaaegu kastmega, lase kergelt podiseda, kata pann kaanega ja lase aeglaselt küpseda vähemalt 1 tund või isegi kauem, kuni kaste on küpsenud. on paks ja kartul on väga pehme. Kui kaste pole piisavalt paksenenud, eemaldage kaas ja vähendage 5–10 minutit. Serveeri kuumalt või soojalt, kaunistatud koriandriga.

74. Täidetud artišokid herneste ja tilliga

Valmistab: 4

KOOSTISOSAD
- 14 untsi / 400 g porrulauku, kärbitud ja lõigatud 0,5 cm suurusteks viiludeks
- 9 untsi / 250 g veisehakkliha
- 1 suur vabapidamisel peetav muna
- 1 tl jahvatatud piment
- 1 tl jahvatatud kaneeli
- 2 tl kuivatatud piparmünt
- 12 keskmist maakera artišokki või sulatatud külmutatud artišokipõhja (vt tutvustust)
- 6 spl / 90 ml värskelt pressitud sidrunimahla, pluss ½ sidruni mahl, kui kasutate värsket artišokki
- ⅓ tassi / 80 ml oliiviõli
- universaalne jahu artišokkide katmiseks
- umbes 2 tassi / 500 ml kana- või köögiviljapuljongit
- 1⅓ tassi / 200 g külmutatud herneid
- ⅓ untsi / 10 g tilli, jämedalt hakitud
- soola ja värskelt jahvatatud musta pipart

JUHISED

a) Blanšeeri porrut 5 minutit keevas vees. Nõruta, värskenda ja pigista vesi välja.

b) Haki porru jämedalt ja pane segamisnõusse koos liha, muna, vürtside, mündi, 1 tl soola ja rohke pipraga. Sega põhjalikult.

c) Kui kasutate värsket artišokki, valmistage kauss vee ja ½ sidruni mahlaga. Eemaldage artišoki vars ja eemaldage kõvad välimised lehed. Kui jõuate pehmemate, kahvatute lehtedeni, lõigake suure terava noaga lille risti, nii et teile jääks alumine veerand. Kasutage väikest teravat nuga või köögiviljakoorijat, et eemaldada artišoki välimised kihid, kuni põhi või põhi on paljastatud. Kraabi välja karvane "kott" ja pane põhi hapendatud vette. Visake ülejäänud osa ära, seejärel korrake teiste artišokkidega.

d) Pane 2 supilusikatäit oliiviõli piisavalt laiasse kastrulisse, et artišokid lamada, ja kuumuta keskmisel kuumusel. Täida iga artišokipõhja 1–2 supilusikatäie veiselihaseguga, vajutades täidis sisse. Veereta põhjad õrnalt jahus, kata kergelt üle ja raputa üleliigne maha. Prae kuumas õlis 1½ minutit mõlemalt poolt. Pühkige pann puhtaks ja asetage artišokid pannile tagasi, asetades need tasaseks ja tihedalt kõrvuti.
e) Sega puljong, sidrunimahl ja ülejäänud õli ning maitsesta ohtralt soola ja pipraga. Valage lusikatäied vedelikku artišokkide peale, kuni need on peaaegu, kuid mitte täielikult vee all; te ei pruugi kogu vedelikku vajada. Aseta artišokkide peale küpsetuspaber, kata pann kaanega ja hauta tasasel tulel 1 tund. Kui need on valmis, peaks alles jääma ainult umbes 4 supilusikatäit vedelikku. Vajadusel eemalda kaas ja paber ning vähenda kastet. Pange pann kõrvale, kuni artišokid on lihtsalt soojad või toatemperatuuril.
f) Kui olete serveerimiseks valmis, blanšeerige herneid 2 minutit. Nõruta ja lisa need ja till pannile koos artišokkidega, maitsesta maitse järgi ja sega kõik õrnalt läbi.

75. Röstitud kana maapirniga

Valmistab: 4
KOOSTISOSAD
- 1 nael / 450 g maapirni, kooritud ja pikuti lõigatud 6 ⅔ tolli / 1,5 cm paksuseks viiluks
- 3 spl värskelt pressitud sidrunimahla
- 8 nahaga kondiga kanakintsu või 1 keskmine terve kana, neljandikku
- 12 banaani või muud suurt šalottsibulat pikuti pooleks
- 12 suurt küüslauguküünt, viilutatud
- 1 keskmine sidrun, poolitatud pikuti ja seejärel väga õhukesteks viiludeks
- 1 tl safrani niidid
- 3½ spl / 50 ml oliiviõli
- ¾ tassi / 150 ml külma vett
- 1¼ spl roosat pipart, kergelt purustatud
- ¼ tassi / 10 g värskeid tüümiani lehti
- 1 tass / 40 g estragoni lehti, tükeldatud
- 2 tl soola
- ½ tl värskelt jahvatatud musta pipart

JUHISED

a) Pange maapirnid keskmisesse kastrulisse, katke rohke veega ja lisage poole sidrunimahl. Kuumuta keemiseni, alanda kuumust ja hauta 10–20 minutit, kuni see on pehme, kuid mitte pehme. Nõruta ja jäta jahtuma.

b) Aseta maapirnid ja kõik ülejäänud koostisosad, välja arvatud ülejäänud sidrunimahl ja pool estragonist, suurde segamisnõusse ning sega kätega kõik hästi kokku. Kata kaanega ja jäta üleöö või vähemalt 2 tunniks külmkappi marineeruma.

c) Kuumuta ahi temperatuurini 475 °F / 240 °C. Aseta kanatükid, nahk üleval, röstimispanni keskele ja määri ülejäänud koostisosad kana ümber. Rösti 30 minutit. Kata pann alumiiniumfooliumiga ja küpseta veel 15 minutit. Sel hetkel peaks kana olema täielikult küpsenud. Eemaldage ahjust ja lisage estragon ja sidrunimahl. Sega korralikult läbi, maitse ja vajadusel lisa veel soola. Serveeri korraga.

76. Pošeeritud kana freekeh'ga

Mark: 4 LELDELT

KOOSTISOSAD
- 1 väike vabalt peetav kana, umbes 3¼ naela / 1,5 kg
- 2 pikka kaneelipulka
- 2 keskmist porgandit, kooritud ja lõigatud ¾ tolli / 2 cm paksusteks viiludeks
- 2 loorberilehte
- 2 kobarat lamedate lehtedega peterselli (kokku umbes 2½ untsi / 70 g)
- 2 suurt sibulat
- 2 spl oliiviõli
- 2 tassi / 300 g krakitud freekeh
- ½ tl jahvatatud piment
- ½ tl jahvatatud koriandrit
- 2½ spl / 40 g soolamata võid
- ⅔ tassi / 60 g viilutatud mandleid
- soola ja värskelt jahvatatud musta pipart

JUHISED

a) Asetage kana suurde potti koos kaneeli, porgandi, loorberilehtede, 1 hunniku peterselli ja 1 tl soolaga. Veerand 1 sibul ja lisa potti. Lisa külma vett, et kana peaaegu kataks; lase keema tõusta ja hauta kaane all 1 tund, koorides aeg-ajalt õli ja vahu pinnalt eemale.

b) Umbes poole kana küpsetamise ajal viilutage teine sibul õhukeseks ja asetage see keskmise suurusega kastrulisse koos oliiviõliga. Prae keskmisel-madalal kuumusel 12–15 minutit, kuni sibul muutub kuldpruuniks ja pehmeks. Lisa freekeh, piment, koriander, ½ tl soola ja veidi musta pipart. Segage hästi ja lisage seejärel 2½ tassi / 600 ml kanapuljongit. Keera kuumus keskmisele-kõrgele. Niipea kui puljong keeb, katke pann ja alandage kuumust. Hauta tasasel tulel 20 minutit, seejärel tõsta tulelt ja jäta kaane all veel 20 minutiks.

c) Eemaldage ülejäänud peterselli kobarast lehed ja tükeldage, mitte liiga peeneks. Lisage keedetud freekehile suurem osa hakitud petersellist, segades see kahvliga.
d) Tõsta kana puljongist välja ja aseta lõikelauale. Lõika rinnad ettevaatlikult ära ja viiluta need õhukeselt viltu; eemalda liha säärtelt ja reitelt. Hoidke kana ja freekeh soojas.
e) Kui olete serveerimiseks valmis, asetage või, mandlid ja veidi soola väikesele praepannile ning praege kuni kuldpruunini. Tõsta freekeh lusikaga üksikutele serveerimisnõudele või ühele vaagnale. Tõsta peale sääre- ja reieliha, seejärel lao peale korralikult rinnaviilud. Viimistle mandlite ja võiga ning puista peterselli.

77. Kana sibula ja kardemoni riisiga

Valmistab: 4

KOOSTISOSAD

- 3 spl / 40 g suhkrut
- 3 spl / 40 ml vett
- 2½ spl / 25 g lodjamarju (või sõstrad)
- 4 spl oliiviõli
- 2 keskmist sibulat, õhukeselt viilutatud (2 tassi / kokku 250 g)
- 2¼ naela / 1 kg nahaga kondiga kana reied või 1 terve kana, veeranditeks
- 10 kardemonikauna
- ümardatud ¼ tl tervet nelki
- 2 pikka kaneelipulka, murtud kaheks
- 1⅔ tassi / 300 g basmati riisi
- 2¼ tassi / 550 ml keeva veega
- 1½ spl / 5 g lamedate lehtedega peterselli lehti, hakitud
- ½ tassi / 5 g tilli lehti, hakitud
- ¼ tassi / 5 g koriandri lehti, tükeldatud
- ⅓ tassi / 100 g Kreeka jogurtit, segatud 2 spl oliiviõliga (valikuline)
- soola ja värskelt jahvatatud musta pipart

JUHISED

a) Pane suhkur ja vesi väikesesse kastrulisse ning kuumuta, kuni suhkur lahustub. Tõsta tulelt, lisa lodjamarjad ja tõsta leotamiseks kõrvale. Kui kasutate sõstraid, ei pea te neid sel viisil leotama.

b) Samal ajal kuumutage pool oliiviõli suurel praepannil, millel on kaas, keskmisel kuumusel, lisage sibul ja küpseta 10–15 minutit, aeg-ajalt segades, kuni sibul on muutunud sügavalt kuldpruuniks. Tõsta sibul väikesesse kaussi ja pühi pann puhtaks.

c) Asetage kana suurde segamisnõusse ja maitsestage 1½ tl soola ja musta pipraga. Lisa ülejäänud oliiviõli, kardemon, nelk ja kaneel ning sega kätega kõik hästi kokku. Kuumuta pann uuesti ja aseta sinna kana ja maitseained. Prae mõlemalt poolt 5 minutit ja eemalda pannilt (see on oluline, kuna see küpsetab kana osaliselt läbi). Vürtsid võivad pannile jääda, kuid ärge muretsege, kui need kana külge jäävad. Eemaldage ka suurem osa ülejäänud õlist, jättes põhja vaid õhukese kile. Lisa riis, karamelliseeritud sibul, 1 tl soola ja rohkelt musta pipart. Nõruta lodjamarjad ja lisa ka need. Segage hästi ja pange praetud kana tagasi pannile, lükates selle riisi sisse.

d) Valage riisile ja kanale keev vesi, katke pann kaanega ja keetke väga madalal kuumusel 30 minutit. Võtke pann tulelt, eemaldage kaas, asetage pannile kiiresti puhas köögirätik ja sulgege uuesti kaanega. Jätke roog segamatult veel 10 minutiks. Viimasena lisa ürdid ja sega need kahvliga sisse ning aja riis kohevaks. Maitse ja vajadusel lisa veel soola ja pipart. Serveeri kuumalt või soojalt koos jogurtiga, kui soovid.

78. Tükeldatud maks

Mark: 4-6

KOOSTISOSAD

- 6½ spl / 100 ml sulatatud hane- või pardirasva
- 2 suurt sibulat, viilutatud (umbes 3 tassi / 400 g kokku)
- 14 untsi / 400 g kanamaksa, puhastatud ja jaotatud umbes 1¼-tollisteks / 3 cm tükkideks
- 5 eriti suurt vabapidamisel peetud muna, kõvaks keedetud
- 4 spl dessertveini
- 1 tl soola
- ½ tl värskelt jahvatatud musta pipart
- 2 kuni 3 rohelist sibulat, õhukeselt viilutatud
- 1 spl hakitud murulauku

JUHISED

a) Pane kaks kolmandikku hanerasvast suurele pannile ja prae sibulaid keskmisel kuumusel aeg-ajalt segades 10–15 minutit tumepruuniks. Eemaldage sibulad pannilt, surudes neid samal ajal veidi allapoole, nii et pannile jääks veidi rasva. Vajadusel lisa veidi rasva. Lisa maksad ja küpseta neid aeg-ajalt segades kuni 10 minutit, kuni need on keskelt korralikult küpsed – selles etapis ei tohiks verd välja tulla.

b) Enne kokku tükeldamist sega maksad sibulaga. Parim viis seda teha on hakklihamasinaga, töödeldes segu kaks korda, et saada õige tekstuur. Kui hakklihamasinat pole, sobib ka köögikombain. Tükeldage sibul ja maks kahe või kolme partiina, nii et masina kauss ei oleks väga täis. Pulseerige 20–30 sekundit, seejärel kontrollige, kas maks ja sibul on muutunud ühtlaselt siledaks, kuid siiski konarlikuks pastaks. Tõsta kõik suurde segamisnõusse.

c) Koorige munad, riivige neist kaks jämedalt ja kaks peeneks ning lisage need maksasegule. Lisa ülejäänud rasv, dessertvein ning sool ja pipar ning sega kõik õrnalt kokku. Viige segu mittemetallilisele tasasele nõule ja katke pind tihedalt kilega. Lase jahtuda, seejärel hoia külmikus vähemalt 2 tundi, et see veidi tahetuks.

d) Serveerimiseks haki ülejäänud muna peeneks. Tõsta hakitud maks lusikaga üksikutele serveerimistaldrikutele, kaunista hakitud munaga ning puista peale rohelist sibulat ja murulauku.

79. Safrani kana ja ürdisalat

Mark: 6

KOOSTISOSAD
- 1 apelsin
- 2½ spl / 50 g mett
- ½ tl safrani niite
- 1 spl valge veini äädikat
- 1¼ tassi / umbes 300 ml vett
- 2¼ naela / 1 kg nahata kondita kanarind
- 4 spl oliiviõli
- 2 väikest apteegitilli sibulat õhukesteks viiludeks
- 1 tass / 15 g korjatud koriandri lehti
- ⅔ tass / 15 g korjatud basiilikulehti, rebitud
- 15 korjatud piparmündilehte, rebitud
- 2 spl värskelt pressitud sidrunimahla
- 1 punane tšilli, õhukeselt viilutatud
- 1 küüslauguküüs, purustatud
- soola ja värskelt jahvatatud musta pipart

JUHISED

a) Kuumuta ahi temperatuurini 400 °F / 200 °C. Kärbige ja visake ära ⅜ tolli / 1 cm kaugusel apelsini tipust ja sabast ning lõigake see 12 viilu, hoides nahka peal. Eemaldage kõik seemned.

b) Asetage viilud väikesesse kastrulisse koos mee, safrani, äädika ja täpselt nii palju vett, et apelsiniviilud oleksid kaetud. Kuumuta keemiseni ja keeda tasasel tulel umbes tund. Lõpus peaks jääma pehme apelsin ja umbes 3 spl paksu siirupit; lisa keetmise ajal vett, kui vedelik läheb väga väheks. Kasutage köögikombaini, et muuta apelsin ja siirup ühtlaseks vedelaks pastaks; uuesti, vajadusel lisa veidi vett.

c) Sega kanarind poole oliiviõli ning rohke soola ja pipraga ning tõsta väga kuumale küpsetusplaadile. Prae mõlemalt poolt umbes 2 minutit, et kõikjale jääksid selged söemärgid. Tõsta röstimispannile ja aseta 15–20 minutiks ahju, kuni see on just küpsenud.

d) Kui kana on käsitsemiseks piisavalt jahe, kuid siiski soe, rebi see kätega üsna suurteks tükkideks. Asetage suurde segamisnõusse, valage peale pool apelsinipastat ja segage hästi. (Teist poolt võid hoida paar päeva külmkapis. See sobiks hästi ürdisalsale serveerimiseks koos õlise kalaga, nagu makrell või lõhe.) Lisa ülejäänud koostisosad salatile, ka ülejäänud salatile. oliiviõli ja segage õrnalt. Maitse, lisa soola ja pipart ning vajadusel veel oliiviõli ja sidrunimahla.

80. Hannukah kana sofrito

KOOSTISOSAD
- 1 spl päevalilleõli
- 1 väike vabalt peetav kana, umbes 3¼ naela / 1,5 kg, liblikas või veerandituna
- 1 tl magusat paprikat
- ¼ tl jahvatatud kurkumit
- ¼ tl suhkrut
- 2½ spl värskelt pressitud sidrunimahla
- 1 suur sibul, kooritud ja neljaks lõigatud
- päevalilleõli, praadimiseks
- 1⅔ naela / 750 g Yukon Gold kartuleid, kooritud, pestud ja lõigatud ¾-tollisteks / 2 cm kuubikuteks
- 25 küüslauguküünt, koorimata
- soola ja värskelt jahvatatud musta pipart

JUHISED

a) Valage õli suurele madalale pannile või Hollandi ahju ja pange keskmisele kuumusele. Asetage kana pannile, nahk allpool, ja prae 4–5 minutit, kuni see on kuldpruun. Maitsesta paprika, kurkumi, suhkru, ¼ teelusikatäie soola, jahvatatud musta pipra ja 1½ supilusikatäie sidrunimahlaga. Pöörake kana nii, et nahk jääks ülespoole, lisage pannile sibul ja katke kaanega. Alandage kuumust madalaks ja küpsetage kokku umbes pool tundi; see hõlmab ka kana küpsetamise aega koos kartulitega. Tõstke aeg-ajalt kaant, et kontrollida vedeliku kogust panni põhjas. Idee on see, et kana küpsetaks ja auruaks omas mahlas, kuid võib-olla peate lisama veidi keevat vett, et panni põhjas oleks alati ¼ tolli / 5 mm vedelikku.

b) Kui kana on umbes 30 minutit küpsenud, valage päevalilleõli keskmisesse kastrulisse 1¼ tolli / 3 cm sügavusele ja asetage keskmisele-kõrgele kuumusele. Prae kartulit ja küüslauku koos mõne partii kaupa umbes 6 minutit partii kohta, kuni need omandavad värvi ja krõbedad. Tõstke lõhikuga lusikaga iga partii õlist eemale ja paberrätikutele, seejärel puistake soolaga.

c) Kui kana on 1 tund küpsenud, tõsta see pannilt ja tõsta lusikaga sisse praekartul ja küüslauk, segades need keedumahlaga. Tõsta kana tagasi pannile, asetades ülejäänud küpsetusajaks ehk 30 minutiks kartulite peale. Kana peaks luust maha kukkuma ja kartulid keeduvedelikus leotatud ja täiesti pehmed. Serveerimisel nirista peale ülejäänud sidrunimahl.

81. Hannukah Kofta B'siniyah

Mark: 18 KOFTA

KOOSTISOSAD
- ⅔ tass / 150 g heledat tahiinipastat
- 3 spl värskelt pressitud sidrunimahla
- ½ tassi / 120 ml vett
- 1 keskmine küüslauguküüs, purustatud
- 2 spl päevalilleõli
- 2 spl / 30 g soolamata võid või ghee (valikuline)
- röstitud piiniaseemned, kaunistuseks
- peeneks hakitud lamedate lehtedega petersell, kaunistuseks
- paprika, kaunistuseks
- soola

KOFTA
- 14 untsi / 400 g jahvatatud lambaliha
- 14 untsi / 400 g vasika- või veiseliha
- 1 väike sibul (umbes 5 untsi / 150 g), peeneks hakitud
- 2 suurt küüslauguküünt, purustatud
- 7 spl / 50 g röstitud piiniaseemneid, jämedalt hakitud
- ½ tassi / 30 g peeneks hakitud lehtpeterselli
- 1 suur keskmiselt kuum punane tšilli, seemnete ja peeneks hakitud
- 1½ tl jahvatatud kaneeli
- 1½ tl jahvatatud piment
- ¾ tl riivitud muskaatpähklit
- 1½ tl värskelt jahvatatud musta pipart
- 1½ tl soola

JUHISED

a) Pane kõik kofta koostisosad kaussi ja sega kätega kõik hästi kokku. Vormige nüüd pikad, torpeedotaolised sõrmed, umbes 3¼ tolli / 8 cm pikad (igaüks umbes 2 untsi / 60 g). Vajutage segu kokkupressimiseks ja veenduge, et iga kofta on tihe ja hoiab oma kuju. Asetage taldrikule ja jahutage, kuni olete valmis neid küpsetama, kuni 1 päev.

b) Kuumuta ahi temperatuurini 425 °F / 220 °C. Sega keskmises kausis kokku tahini pasta, sidrunimahl, vesi, küüslauk ja ¼ teelusikatäit soola. Kaste peaks olema veidi vedelam kui mesi; vajadusel lisa 1 kuni 2 supilusikatäit vett.
c) Kuumuta päevalilleõli suurel pannil kõrgel kuumusel ja prae kofta. Tehke seda partiidena, et need ei jääks kokku. Prae neid igast küljest kuldpruuniks, umbes 6 minutit partii kohta. Sel hetkel peaksid need olema keskmiselt haruldased. Tõsta vormist välja ja laota ahjuplaadile. Kui soovite küpsetada neid keskmiselt või hästi, pange küpsetusplaat nüüd 2–4 minutiks ahju.
d) Tõsta lusikaga tahini kastet kofta ümber nii, et see kataks panni põhja. Soovi korral nirista veidi ka kofta peale, kuid jäta osa lihast välja. Asetage ahju minutiks või paariks, et kaste veidi soojeneda.
e) Vahepeal, kui kasutad võid, sulata see väikeses potis ja lase veidi pruunistuda, jälgides, et see ära ei kõrbeks. Tõsta koftale lusikaga võid peale niipea, kui need ahjust välja tulevad. Puista peale piiniaseemned ja petersell ning seejärel puista peale paprika. Serveeri korraga.

82. <u>Veiselihapallid Fava ubade ja sidruniga</u>

Valmistab: UMBES 20 LIHAPALLI

KOOSTISOSAD
- 4½ spl oliiviõli
- 2⅓ tassi / 350 g fava ube, värsked või külmutatud
- 4 tervet tüümianioksa
- 6 küüslauguküünt, viilutatud
- 8 rohelist sibulat, lõigatud nurga all ¾-tollisteks / 2 cm segmentideks
- 2½ spl värskelt pressitud sidrunimahla
- 2 tassi / 500 ml kanapuljongit
- soola ja värskelt jahvatatud musta pipart
- 1½ tl iga hakitud lamedate lehtedega peterselli, piparmünti, tilli ja koriandrit, lõpetuseks

LIHAPALLID
- 10 untsi / 300 g veisehakkliha
- 5 untsi / 150 g jahvatatud lambaliha
- 1 keskmine sibul, peeneks hakitud
- 1 tass / 120 g riivsaia
- 2 spl hakitud lehtpeterselli, piparmünti, tilli ja koriandrit
- 2 suurt küüslauguküünt, purustatud
- 4 tl baharat vürtsisegu (poest ostetud võivaata retsepti)
- 4 tl jahvatatud köömneid
- 2 tl kapparit, tükeldatud
- 1 muna, lahtiklopitud

JUHISED

a) Asetage kõik lihapallide koostisosad suurde segamisnõusse. Lisa ¾ tl soola ja rohkelt musta pipart ning sega kätega korralikult läbi. Vormi pingpongi pallidega umbes sama suured pallid. Kuumuta 1 supilusikatäis oliiviõli keskmisel kuumusel eriti suurel kaanega pannil. Prae pooled lihapallid, keerates neid, kuni need on üleni pruunid, umbes 5 minutit. Eemaldage, lisage pannile veel 1½ tl oliiviõli ja küpsetage teine partii lihapalle. Eemaldage pannilt ja pühkige see puhtaks.

b) Lihapallide küpsemise ajal viska fava oad rohke soolaga maitsestatud keeva veega potti ja blanšeeri 2 minutit. Nõruta ja värskenda külma vee all. Eemaldage pooltelt fava ubadelt koor ja visake koor ära.
c) Kuumuta ülejäänud 3 supilusikatäit oliiviõli keskmisel kuumusel samal pannil, kus küpsetasid lihapallid. Lisa tüümian, küüslauk ja roheline sibul ning prae 3 minutit. Lisage koorimata fava oad, 1½ supilusikatäit sidrunimahla, ⅓ tassi / 80 ml puljongit, ¼ teelusikatäit soola ja rohkelt musta pipart. Oad peaksid olema peaaegu vedelikuga kaetud. Kata pann kaanega ja keeda tasasel tulel 10 minutit.
d) Tõsta lihapallid tagasi pannile, hoides fava ube. Lisa ülejäänud puljong, kata pann ja hauta tasasel tulel 25 minutit. Maitse kastet ja reguleeri maitsestamist. Kui see on väga vedel, eemaldage kaas ja vähendage veidi. Kui lihapallid küpsetamise lõpetavad, imavad nad endasse palju mahla, seega veenduge, et kastet oleks sel hetkel veel piisavalt. Võid lihapallid kohe serveerimiseni tulelt maha jätta.
e) Vahetult enne serveerimist kuumuta lihapallid uuesti läbi ja lisa vajadusel veidi vett, et kastet oleks piisavalt. Lisa ülejäänud ürdid, ülejäänud 1 supilusikatäis sidrunimahla ja kooritud fava oad ning sega väga õrnalt. Serveeri kohe.

83. Lambalihapallid lodjamarjade, jogurti ja ürtidega

Valmistab: UMBES 20 LIHAPALLI

KOOSTISOSAD
- 1⅔ nael / 750 g jahvatatud lambaliha
- 2 keskmist sibulat, peeneks hakitud
- ⅔ untsi / 20 g lamedate lehtedega peterselli, peeneks hakitud
- 3 küüslauguküünt, purustatud
- ¾ tl jahvatatud piment
- ¾ tl jahvatatud kaneeli
- 6 spl / 60 g lodjamarju
- 1 suur vabapidamisel peetav muna
- 6½ spl / 100 ml päevalilleõli
- 1½ naela / 700 g banaani või muud suurt šalottsibulat, kooritud
- ¾ tassi pluss 2 spl / 200 ml valget veini
- 2 tassi / 500 ml kanapuljongit
- 2 loorberilehte
- 2 tüümianioksa
- 2 tl suhkrut
- 5 untsi / 150 g kuivatatud viigimarju
- 1 tass / 200 g Kreeka jogurtit
- 3 spl segatud piparmünti, koriandrit, tilli ja estragonit, jämedalt rebitud
- soola ja värskelt jahvatatud musta pipart

JUHISED

a) Asetage lambaliha, sibul, petersell, küüslauk, piment, kaneel, lodjamarjad, muna, 1 tl soola ja ½ tl musta pipart suurde kaussi. Sega kätega, seejärel veereta umbes golfipalli suurusteks pallideks.

b) Kuumuta kolmandik õlist keskmisel kuumusel suures paksupõhjalises potis, mille jaoks sul on tihedalt suletav kaas. Pange mõned lihapallid ja küpseta ja keerake neid paar minutit, kuni nad on kõikjalt värvi saanud. Tõsta potist välja ja tõsta kõrvale. Küpseta ülejäänud lihapallid samamoodi.

c) Pühkige pott puhtaks ja lisage ülejäänud õli. Lisa šalottsibul ja küpseta neid keskmisel kuumusel 10 minutit sageli segades kuni kuldpruunini. Lisa vein, lase minut või kaks mullitada, seejärel lisa kanapuljong, loorberilehed, tüümian, suhkur ning veidi soola ja pipart. Asetage viigimarjad ja lihapallid šalottsibulate vahele ja peale; lihapallid peavad olema peaaegu vedelikuga kaetud. Kuumuta keemiseni, kata kaanega, alanda kuumust väga madalale ja jäta 30 minutiks podisema. Eemalda kaas ja hauta veel umbes tund, kuni kastme maitse on vähenenud ja tugevnenud. Maitse ja vajadusel lisa soola ja pipart.
d) Tõsta suurele sügavale serveerimisnõusse. Vahusta jogurt, vala peale ja puista ürtidega üle.

84. Türgi ja suvikõrvitsa burgerid rohelise sibula ja köömnetega

Valmistab: UMBES 18 BURGERIT

KOOSTISOSAD
- 1 nael / 500 g jahvatatud kalkuniliha
- 1 suur suvikõrvits, jämedalt riivitud (2 tassi / 200 g kokku)
- 3 rohelist sibulat, õhukeselt viilutatud
- 1 suur vabapidamisel peetav muna
- 2 spl hakitud piparmünt
- 2 spl hakitud koriandrit
- 2 küüslauguküünt, purustatud
- 1 tl jahvatatud köömneid
- 1 tl soola
- ½ tl värskelt jahvatatud musta pipart
- ½ tl cayenne'i pipart
- umbes 6½ spl / 100 ml päevalilleõli, praadimiseks

HAPUKOOR JA SUMMAKASTE
- ½ tassi / 100 g hapukoort
- ⅔ tassi / 150 g Kreeka jogurtit
- 1 tl riivitud sidrunikoort
- 1 spl värskelt pressitud sidrunimahla
- 1 väike küüslauguküüs, purustatud
- 1½ spl oliiviõli
- 1 spl sumakit
- ½ tl soola
- ¼ tl värskelt jahvatatud musta pipart

JUHISED

a) Esmalt valmista hapukoorekaste, asetades kõik koostisosad väikesesse kaussi. Segage hästi ja asetage kõrvale või jahutage, kuni vajate.

b) Kuumuta ahi temperatuurini 425 °F / 220 °C. Sega suures kausis kõik lihapallide koostisosad peale päevalilleõli. Segage kätega ja vormige seejärel umbes 18 burgerit, millest igaüks kaalub umbes 1½ untsi / 45 g.

c) Valage suurele praepannile nii palju päevalilleõli, et panni põhjale tekiks umbes 1/16 tolli / 2 mm paksune kiht. Kuumuta keskmisel kuumusel kuumaks, seejärel prae lihapallid partiidena igast küljest. Küpseta iga partii umbes 4 minutit, lisades vajadusel õli, kuni see on kuldpruun.

d) Tõsta kõrbenud lihapallid ettevaatlikult vahapaberiga kaetud ahjuplaadile ja aseta ahju 5–7 minutiks või seni, kuni need on läbi küpsenud. Serveeri soojalt või toatemperatuuril, kastet lusikaga peale või kõrvale.

85. Polpettone

Mark: 8

KOOSTISOSAD

- 3 suurt vabapidamisel peetavat muna
- 1 spl hakitud lamedate lehtedega peterselli
- 2 tl oliiviõli
- 1 nael / 500 g veisehakkliha
- 1 tass / 100 g riivsaia
- ½ tassi / 60 g soolamata pistaatsiapähkleid
- ½ tassi / 80 g kornišonid (3 või 4), lõigatud ⅜-tollisteks / 1 cm tükkideks
- 7 untsi / 200 g keedetud veise keelt (või sinki), õhukesteks viiludeks
- 1 suur porgand, tükkideks lõigatud
- 2 sellerivart, lõigatud tükkideks
- 1 tüümiani oksake
- 2 loorberilehte
- ½ sibulat, viilutatud
- 1 tl kanapuljongipõhi
- keev vesi, keetmiseks
- soola ja värskelt jahvatatud musta pipart

SALSINA VERDE

- 2 untsi / 50 g lamedate lehtedega peterselli oksi
- 1 küüslauguküüs, purustatud
- 1 spl kapparid
- 1 spl värskelt pressitud sidrunimahla
- 1 spl valge veini äädikat
- 1 suur vabapidamisel muna, kõvaks keedetud ja kooritud
- ⅔ tassi / 150 ml oliiviõli
- 3 spl leivapuru, eelistatavalt värsket
- soola ja värskelt jahvatatud musta pipart

JUHISED

a) Alusta lameda omleti valmistamisega. Klopi lahti 2 muna, hakitud petersell ja näpuotsaga soola. Kuumuta oliiviõli suurel praepannil (läbimõõduga umbes 11 tolli / 28 cm) keskmisel kuumusel ja vala munad. Küpseta 2–3 minutit segamata, kuni munad muutuvad õhukeseks omletiks. Tõsta kõrvale jahtuma.

b) Segage suures kausis veiseliha, riivsai, pistaatsiapähklid, kornišonid, ülejäänud muna, 1 tl soola ja ½ tl pipart. Asetage suur puhas käterätik (võite kasutada vana, millest te ei viitsi lahti saada; selle puhastamine on kerge oht) oma tööpinnale. Nüüd võtke lihasegu ja määrige see rätikule, vormides sellest kätega ristkülikukujuline ketas, mille paksus on ⅜ tolli / 1 cm ja umbes 12 × 10 tolli / 30 × 25 cm. Hoidke lapi servad selged.

c) Kata liha keeleviiludega, jättes ¾ tolli / 2 cm ümber serva. Lõika omlett 4 laiaks ribaks ja jaota need ühtlaselt üle keele.

d) Tõstke riie üles, et saaksite liha ühest laiast küljest sissepoole rullima hakata. Jätkake liha rullimist sureks vorstikujuliseks, kasutades selleks abiks rätikut. Lõpuks tahad tihket, tarretiserulli meenutavat pätsi, mille välisküljel on veisehakk ja keskel omlett. Katke päts rätikuga, mähkige see korralikult kinni, et see oleks seest suletud. Siduge otsad nööriga ja asetage üleliigne riie palgi alla, nii et saate tihedalt seotud kimbu.

e) Asetage kimp suurde pannile või Hollandi ahju. Viska pätsi ümber porgand, seller, tüümian, loorber, sibul ja puljongipõhi ning vala üle keeva veega, et see peaaegu kataks. Kata pott kaanega ja jäta 2 tunniks podisema.

f) Eemaldage päts pannilt ja asetage see kõrvale, et osa vedelikust saaks välja voolata (pošeerimispuljong oleks suurepärane supipõhi). Umbes 30 minuti pärast asetage peale midagi rasket, et rohkem mahla eemaldada. Kui see on soojenenud toatemperatuurini, asetage lihapäts 3–4 tunniks korralikult riidega kaetult külmikusse.

g) Kastme jaoks pane kõik komponendid köögikombaini ja vahusta jämedaks konsistentsiks (või maalähedase välimuse saamiseks haki petersell, kapparid ja muna käsitsi ning sega koos ülejäänud koostisosadega). Maitse ja maitsesta.

h) Serveerimiseks eemalda päts rätikust, lõika ⅜ tolli / 1 cm paksusteks viiludeks ja laota serveerimistaldrikule. Serveeri kastet kõrvale.

86. Hautatud munad lambaliha, tahiini ja sumakiga

Valmistab: 4

KOOSTISOSAD

- 1 spl oliiviõli
- 1 suur sibul, peeneks hakitud (1¼ tassi / 200 g kokku)
- 6 küüslauguküünt, õhukeseks viilutatud
- 10 untsi / 300 g jahvatatud lambaliha
- 2 tl sumakit, pluss lõpetuseks lisa
- 1 tl jahvatatud köömneid
- ½ tassi / 50 g röstitud soolamata pistaatsiapähkleid, purustatud
- 7 spl / 50 g röstitud piiniaseemneid
- 2 tl harissapastat (poest ostetud võivaata retsepti)
- 1 spl peeneks hakitud konserveeritud sidrunikoort (poest ostetud võivaata retsepti)
- 1⅓ tassi / 200 g kirsstomateid
- ½ tassi / 120 ml kanapuljongit
- 4 suurt vabapidamisel peetavat muna
- ¼ tassi / 5 g korjatud koriandri lehti või 1 splZhoug
- soola ja värskelt jahvatatud musta pipart

JOGURTIKASTUS

- ½ tassi / 100 g Kreeka jogurtit
- 1½ spl / 25 g tahini pasta
- 2 spl värskelt pressitud sidrunimahla
- 1 spl vett

JUHISED

a) Kuumuta oliiviõli keskmisel-kõrgel kuumusel keskmisel paksupõhjalisel pannil, mille jaoks sul on tihedalt suletav kaas. Lisa sibul ja küüslauk ning prae 6 minutit, et see pehmeneks ja veidi värviks. Tõsta kuumus kõrgele, lisa lambaliha ja pruunista hästi 5–6 minutit. Maitsesta sumaki, köömnete, ¾ tl soola ja mõne musta pipraga ning küpseta veel minut aega. Lülitage kuumus välja, segage pähklid, harissa ja konserveeritud sidrun ning pange kõrvale.

b) Kuumutage sibula küpsemise ajal eraldi väikest malmist või muud rasket panni kõrgel kuumusel. Kui see on kuum, lisage kirsstomatid ja söetage 4–6 minutit, viskades neid aeg-ajalt pannile, kuni need on väljast veidi mustaks muutunud. Kõrvale panema.
c) Valmista jogurtikaste, vahustades kõik koostisosad näpuotsatäie soolaga. See peab olema paks ja rikkalik, kuid kui see on jäik, peate võib-olla lisama tilga vett.
d) Selles etapis võite liha, tomatid ja kastme kuni tunniks seista. Kui olete serveerimiseks valmis, soojendage liha uuesti, lisage kanapuljong ja laske keema tõusta. Tee segusse 4 väikest süvendit ja murra igasse süvendisse üks muna. Kata pann ja küpseta mune madalal kuumusel 3 minutit. Asetage peale tomatid, vältides munakollasi, katke uuesti ja keetke 5 minutit, kuni munavalged on küpsed, kuid munakollased veel vedelad.
e) Tõsta tulelt ja määri jogurtikastmega, puista üle sumahhiga ja viimistle koriandriga. Serveeri korraga.

87. Aeglaselt küpsetatud vasikaliha ploomide ja porrulauguga

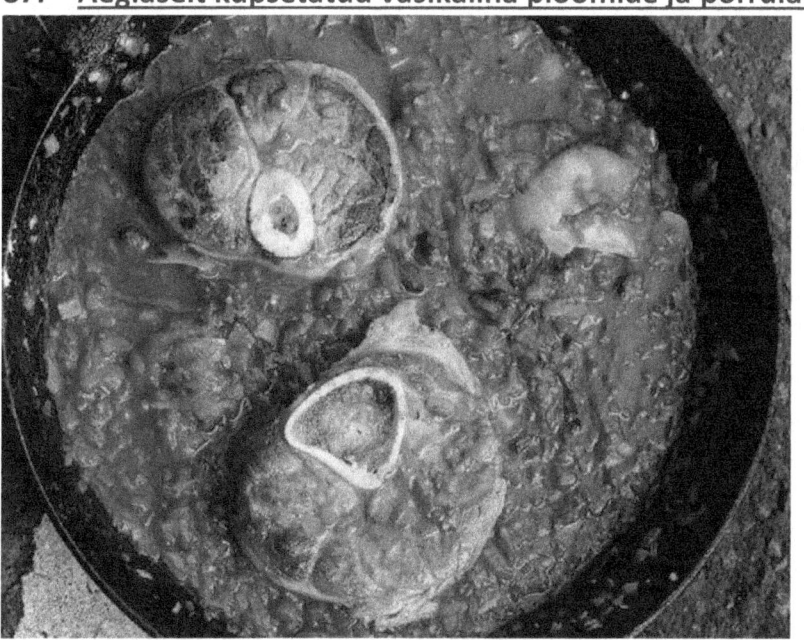

Mark: 4 LELDELT

KOOSTISOSAD
- ½ tassi / 110 ml päevalilleõli
- 4 suurt osso buco steiki, kondiga (kokku umbes 2¼ naela / 1 kg)
- 2 suurt sibulat, peeneks hakitud (umbes 3 tassi / 500 g kokku)
- 3 küüslauguküünt, purustatud
- 6½ spl / 100 ml kuiva valget veini
- 1 tass / 250 ml kana- või veiselihapuljongit
- üks 14 untsi / 400 g purk tükeldatud tomatit
- 5 tüümianioksa, lehed peeneks hakitud
- 2 loorberilehte
- ½ apelsini koor, ribadena
- 2 väikest kaneelipulka
- ½ tl jahvatatud piment
- 2 tähtaniisi
- 6 suurt porrulauku, ainult valge osa (kokku 1¾ naela / 800 g), lõigatud ⅔-tollisteks / 1,5 cm viiludeks
- 7 untsi / 200 g pehmeid ploome, kivideta
- soola ja värskelt jahvatatud musta pipart
- SERVEERIMA
- ½ tassi / 120 g Kreeka jogurtit
- 2 spl peeneks hakitud lamedate lehtedega peterselli
- 2 spl riivitud sidrunikoort
- 2 küüslauguküünt, purustatud

JUHISED
a) Kuumuta ahi temperatuurini 350 °F / 180 °C.
b) Kuumuta 2 supilusikatäit õli suurel paksupõhjalisel pannil kõrgel kuumusel. Prae vasikalihatükke 2 minutit mõlemalt poolt, liha hästi pruunistades. Tõsta tomatikastme valmistamise ajaks kurn nõrguma.
c) Eemalda pannilt suurem osa rasvast, lisa veel 2 supilusikatäit õli ning lisa sibul ja küüslauk. Tõsta keskmisele-kõrgele tulele ja prae, aeg-ajalt segades ja puulusikaga panni põhja kraapides,

umbes 10 minutit, kuni sibul on pehme ja kuldne. Lisa vein, lase keema tõusta ja keeda tugeval tulel 3 minutit, kuni suurem osa sellest on aurustunud. Lisa pool puljongist, tomatid, tüümian, loorber, apelsinikoor, kaneel, piment, tähtaniis, 1 tl soola ja veidi musta pipart. Sega korralikult läbi ja lase keema tõusta. Lisa vasikalihatükid kastmele ja sega katteks.

d) Tõsta vasikaliha ja kaste sügavale küpsetuspannile, mille suurus on umbes 13 x 9½ tolli / 33 x 24 cm, ja aja see ühtlaselt laiali. Kata alumiiniumfooliumiga ja pane 2½ tunniks ahju. Kontrollige küpsetamise ajal paar korda, et kaste ei muutuks liiga paksuks ega läheks külgedelt kõrbema; selle vältimiseks peate tõenäoliselt lisama veidi vett. Liha on valmis, kui see tuleb kergesti luu küljest lahti. Tõsta vasikaliha kastmest ja tõsta suurde kaussi. Kui see on käsitsemiseks piisavalt jahe, korja kogu liha kontidelt ja kraabi väikese noaga kogu luuüdi välja. Viska luud ära.

e) Kuumuta ülejäänud õli eraldi pannil ja pruunista porrut tugeval kuumusel umbes 3 minutit, aeg-ajalt segades. Tõsta need lusikaga üle tomatikastmega. Järgmisena sega pannil, milles sa tomatikastme tegid, kokku ploomid, järelejäänud puljong ning eemaldatud liha ja luuüdi ning tõsta see lusikaga porrule. Kata uuesti fooliumiga ja jätka küpsetamist veel tund aega. Ahjust välja võttes maitsesta ja maitsesta soola ja vajadusel veel musta pipraga.

f) Serveeri kuumalt, peale lusikatäis külma jogurtit, millele on puistatud peterselli, sidrunikoore ja küüslaugu segu.

88. Hannukah Lamb shawarma

Mark: 8

KOOSTISOSAD

- 2 tl musta pipra tera
- 5 tervet nelki
- ½ tl kardemonikaunad
- ¼ tl lambaläätse seemneid
- 1 tl apteegitilli seemneid
- 1 spl köömneid
- 1 tähtaniis
- ½ kaneelipulk
- ½ tervet muskaatpähklit, riivitud
- ¼ tl jahvatatud ingverit
- 1 spl magusat paprikat
- 1 spl sumakit
- 2½ tl Maldoni meresoola
- 1 unts / 25 g värsket ingverit, riivitud
- 3 küüslauguküünt, purustatud
- ⅔ tass / 40 g hakitud koriandrit, varsi ja lehti
- ¼ tassi / 60 ml värskelt pressitud sidrunimahla
- ½ tassi / 120 ml maapähkliõli
- 1 kondiga lambajalg, umbes 5½–6½ naela / 2,5–3 kg
- 1 tass / 240 ml keeva vett

JUHISED

a) Pange esimesed 8 koostisainet malmpannile ja röstige kuivalt keskmisel kuumusel minut või paar, kuni vürtsid hakkavad paistma ja oma aroome vabastama. Olge ettevaatlik, et neid ei põletaks. Lisa muskaatpähkel, ingver ja paprika, sega veel mõni sekund, et need kuumeneda, seejärel tõsta vürtsiveskisse. Töötle vürtsid ühtlaseks pulbriks. Tõsta keskmisesse kaussi ja sega hulka kõik ülejäänud koostisosad, välja arvatud lambaliha.

b) Kasutage väikest teravat noa, et lõigata lambakoiba mõnest kohast, tehes rasvast ja lihast 1,5 cm sügavused pilud, et marinaad saaks sisse imbuda. Asetage suurele röstimispannile ja hõõruge marinaad üle kogu lambaliha; masseerige liha hästi kätega. Kata pann alumiiniumfooliumiga ja jäta vähemalt paariks tunniks kõrvale või eelistatavalt üleöö külma.

c) Kuumuta ahi temperatuurini 325 °F / 170 °C.
d) Pane lambaliha rasvase poolega ülespoole ahju ja rösti kokku umbes 4½ tundi, kuni liha on täiesti pehme. Pärast 30-minutilist röstimist lisage pannile keev vesi ja kasutage seda vedelikku liha kastmiseks iga tunni järel. Vajadusel lisage vett, veendudes, et panni põhjas on alati umbes 0,5 cm. Viimased 3 tundi kata lambaliha fooliumiga, et vürtsid ei kõrbeks. Kui see on valmis, eemaldage lambaliha ahjust ja laske enne nikerdamist ja serveerimist 10 minutit puhata.
e) Parim viis selle serveerimiseks on meie arvates inspireeritud Iisraeli tuntuimast shakshuka söögikohast (VAATA RETSEPT), Dr Shakshuka, Jaffas, omanik Bino Gabso. Võtke kuus eraldi pitataskut ja pintseldage need seest rikkalikult määrdega, mis on valmistatud, segades kokku ⅔ tassi / 120 g tükeldatud konservtomateid, 2 teelusikatäit / 20 g harissapastat, 4 teelusikatäit / 20 g tomatipastat, 1 spl oliiviõli ja veidi soola ja pipart. Kui lambaliha on valmis, soojendage pitasid kuumal küpsetuspannil, kuni need saavad mõlemal küljel ilusad söemärgid. Viiluta soe lambaliha ja lõika viilud 1,5 cm ribadeks. Kuhjake need iga sooja pita peale, valage lusikaga pannilt röstimisvedelikku, vähendage ja viimistlege hakitud sibula, hakitud peterselli ja sumahhiga. Ja ärge unustage värsket kurki ja tomatit. See on taevalik roog.

89. Panfried meriahven koos Harissa ja roosiga

Valmistab: 2 kuni 4

KOOSTISOSAD
- 3 spl harissapastat (poest ostetud võivaata retsepti)
- 1 tl jahvatatud köömneid
- 4 meriahvenafileed, kokku umbes 1 nael / 450 g, kooritud ja eemaldatud nõela luudega
- universaalne jahu tolmutamiseks
- 2 spl oliiviõli
- 2 keskmist sibulat, peeneks hakitud
- 6½ spl / 100 ml punase veini äädikat
- 1 tl jahvatatud kaneeli
- 1 tass / 200 ml vett
- 1½ spl mett
- 1 spl roosivett
- ½ tassi / 60 g sõstraid (valikuline)
- 2 spl jämedalt hakitud koriandrit (valikuline)
- 2 tl väikeseid kuivatatud söödavaid roosi kroonlehti
- soola ja värskelt jahvatatud musta pipart

JUHISED

a) Kõigepealt marineerige kala. Sega väikeses kausis kokku pool harissa pastast, jahvatatud köömned ja ½ tl soola. Hõõru pasta kalafileed üle ja jäta 2 tunniks külmkappi marineeruma.

b) Puista filee veidi jahuga ja raputa üleliigne maha. Kuumuta oliiviõli laial pannil keskmisel-kõrgel kuumusel ja prae fileed 2 minutit mõlemalt poolt. Võimalik, et peate seda tegema kahes partiis. Tõsta kala kõrvale, jäta pannile õli ja lisa sibulad. Segage küpsetamise ajal umbes 8 minutit, kuni sibul on kuldne.

c) Lisa ülejäänud harissa, äädikas, kaneel, ½ tl soola ja rohkelt musta pipart. Valage vesi, alandage kuumust ja laske kastmel tasasel tulel 10–15 minutit podiseda, kuni see on üsna paks.

d) Lisa pannile mesi ja roosivesi koos sõstardega, kui kasutad, ja hauta veel paar minutit. Maitse ja reguleeri maitseainet ning seejärel tõsta kalafileed pannile tagasi; võite need veidi kattuda, kui need ei sobi. Tõsta kaste lusikaga kaladele ja lase neil 3 minutit podisevas kastmes soojeneda; kui kaste on väga paks, võib tekkida vajadus lisada paar supilusikatäit vett. Serveeri soojalt või toatemperatuuril, puista peale koriandrit, kui kasutad, ja roosi kroonlehti.

90. Kala ja kappari kebab põletatud baklažaani ja sidrunihapukurgiga

Valmistab: 12 KEBABI

KOOSTISOSAD
- 2 keskmist baklažaani (kokku umbes 1⅔ naela / 750 g)
- 2 spl kreeka jogurtit
- 1 küüslauguküüs, purustatud
- 2 spl hakitud lamedate lehtedega peterselli
- umbes 2 spl päevalilleõli, praadimiseks
- 2 tlKiiresti marineeritud sidrunid
- soola ja värskelt jahvatatud musta pipart
- KALA KEBABS
- 14 untsi / 400 g kilttursa või muud valget kalafileed, nahast ja nööpnõela luudest eemaldatud
- ½ tassi / 30 g värsket riivsaia
- ½ suurt vabapidamisel pekstud muna
- 2½ spl / 20 g kapparit, tükeldatud
- ⅔ untsi / 20 g tilli, hakitud
- 2 rohelist sibulat, peeneks hakitud
- 1 sidruni riivitud koor
- 1 spl värskelt pressitud sidrunimahla
- ¾ tl jahvatatud köömneid
- ½ tl jahvatatud kurkumit
- ½ tl soola
- ¼ tl jahvatatud valget pipart

JUHISED
a) Alusta baklažaanidest. Põletage, koorige ja nõrutage baklažaani viljaliha, järgides juhiseidPõletatud baklažaan küüslaugu, sidruni ja granaatõunaseemnetegaretsept. Kui see on hästi kurnatud, tükelda viljaliha jämedalt ja pane segamisnõusse. Lisa jogurt, küüslauk, petersell, 1 tl soola ja rohkelt musta pipart. Kõrvale panema.
b) Lõika kala väga õhukesteks viiludeks, mille paksus on vaid umbes ⅙ tolli / 2 mm. Lõika viilud väikesteks kuubikuteks ja pane keskmisesse segamisnõusse. Lisa ülejäänud koostisosad ja sega

korralikult läbi. Niisutage oma käsi ja vormige segust 12 pätsi või sõrme, igaüks umbes 1½ untsi / 45 g. Laota taldrikule, kata kilega ja jäta vähemalt 30 minutiks külmkappi seisma.

c) Valage pannile nii palju õli, et põhjale tekiks õhuke kile, ja asetage keskmisele-kõrgele kuumusele. Küpseta kebabe partiidena iga partii kohta 4–6 minutit, keerates, kuni need on igast küljest värvilised ja läbi küpsenud.

d) Serveeri kebabe kuumalt, 3 portsjoni kohta, kõrvale kõrbenud baklažaani ja väikese koguse marineeritud sidrunit (ettevaatust, sidrunid kipuvad domineerima).

91. Praetud makrell kuldse peedi ja apelsini salsaga

Valmistab: 4 ALUSTAJANA

KOOSTISOSAD

- 1 spl harissapastat (poest ostetud võivaata retsepti)
- 1 tl jahvatatud köömneid
- 4 makrellifileed (kokku umbes 9 untsi / 260 g), nahaga
- 1 keskmine kuldne peet (3½ untsi / 100 g kokku)
- 1 keskmine apelsin
- 1 väike sidrun, poolitatud laiuselt
- ¼ tassi / 30 g kivideta Kalamata oliive, pikuti neljaks lõigatud
- ½ väikest punast sibulat, peeneks hakitud (¼ tassi / kokku 40 g)
- ¼ tassi / 15 g hakitud lamedate lehtedega peterselli
- ½ tl koriandriseemneid, röstitud ja purustatud
- ¾ tl köömneid, röstitud ja purustatud
- ½ tl magusat paprikat
- ½ tl tšillihelbeid
- 1 spl sarapuupähkli- või pähkliõli
- ½ tl oliiviõli
- soola

JUHISED

a) Sega omavahel harissapasta, jahvatatud köömned ja näpuotsatäis soola ning hõõru segu makrellifileele. Tõsta küpsetamise ajaks külmikusse kõrvale.

b) Keeda peeti rohkes vees umbes 20 minutit (olenevalt sordist võib kuluda palju kauem), kuni varras sujuvalt sisse libiseb. Laske jahtuda, seejärel koorige, lõigake ¼-tollisteks / 0,5 cm kuubikuteks ja asetage segamisnõusse.

c) Koorige pool apelsinist ja 1 sidrunist, eemaldades kogu väliskesta, ja lõigake need neljandikku. Eemaldage keskmine südamik ja kõik seemned ning lõigake viljaliha 0,5 cm kuubikuteks. Lisa peedile koos oliivide, punase sibula ja peterselliga.

d) Sega eraldi kausis omavahel maitseained, ülejäänud sidrunipooliku mahl ja pähkliõli. Valage see peedi ja apelsini segule, segage ja maitsestage soolaga. Parim on lasta salsal toatemperatuuril seista vähemalt 10 minutit, et kõik maitsed seguneksid.

e) Vahetult enne serveerimist kuumuta oliivõli suurel mittenakkuval pannil keskmisel kuumusel. Asetage makrellifileed pannile nahaga allapoole ja küpsetage üks kord keerates umbes 3 minutit, kuni see on küpsenud. Tõsta serveerimistaldrikutele ja tõsta lusikaga peale salsat.

92. Turskakoogid tomatikastmes

Valmistab: 4

KOOSTISOSAD

- 3 viilu saia, koorikud eemaldatud (kokku umbes 2 untsi / 60 g)
- 1⅓ naela / 600 g tursa, hiidlesta, merluusi või pollocki filee, nülgitud ja eemaldatud luud
- 1 keskmine sibul, peeneks hakitud (umbes 1 tass / 150 g kokku)
- 4 küüslauguküünt, purustatud
- 1 unts / 30 g lamedate lehtedega peterselli, peeneks hakitud
- 1 unts / 30 g koriandrit, peeneks hakitud
- 1 spl jahvatatud köömneid
- 1½ tl soola
- 2 eriti suurt vabapidamisel pekstud muna
- 4 spl oliiviõli
- TOMATI KASTE
- 2½ spl oliiviõli
- 1½ tl jahvatatud köömneid
- ½ tl magusat paprikat
- 1 tl jahvatatud koriandrit
- 1 keskmine sibul, hakitud
- ½ tassi / 125 ml kuiva valget veini
- üks 14 untsi / 400 g purk tükeldatud tomatit
- 1 punane tšilli, seemnetest puhastatud ja peeneks hakitud
- 1 küüslauguküüs, purustatud
- 2 tl ülipeent suhkrut
- 2 spl piparmündilehti, jämedalt hakitud
- soola ja värskelt jahvatatud musta pipart

JUHISED

a) Kõigepealt valmista tomatikaste. Kuumuta oliiviõli keskmisel kuumusel väga suurel pannil, mille jaoks sul on kaas. Lisa vürtsid ja sibul ning küpseta 8–10 minutit, kuni sibul on täiesti pehme. Lisa vein ja hauta 3 minutit. Lisa tomatid, tšilli, küüslauk, suhkur, ½ tl soola ja veidi musta pipart. Hauta umbes 15 minutit, kuni see on üsna paks. Maitsesta maitseaine reguleerimiseks ja tõsta kõrvale.

b) Kastme küpsemise ajal valmista kalakoogid. Pane leib köögikombaini ja kuumuta riivsaia moodustamiseks. Haki kala väga peeneks ja pane kaussi koos leiva ja kõige muuga, välja arvatud oliiviõli. Segage hästi ja seejärel vormige segust kätega umbes ¾ tolli / 2 cm paksused ja 8 cm läbimõõduga koogid. Sul peaks olema 8 kooki. Kui need on väga pehmed, pane 30 minutiks külmkappi tahenema. (Võite segule lisada ka kuivatatud leivapuru, kuigi tehke seda säästlikult; koogid peavad olema üsna märjad.)

c) Kuumuta pool oliiviõli pannil keskmisel kuumusel, lisa pooled kookidest ja prae mõlemalt poolt 3 minutit, kuni see on hästi värvunud. Korrake ülejäänud kookide ja õliga.

d) Asetage röstitud koogid õrnalt kõrvuti tomatikastmesse; võite neid natuke pigistada, et need kõik ära mahuksid. Lisage täpselt nii palju vett, et koogid oleksid osaliselt kaetud (umbes 1 tass / 200 ml). Kata pann kaanega ja hauta väga madalal kuumusel 15–20 minutit. Lülitage kuumus maha ja laske koogidel enne serveerimist soojalt või toatemperatuuril, piparmündiga üle puistatud, kaaneta vähemalt 10 minutit settida.

93. Grillitud kalavardad hawayej ja peterselliga

Mark: 4-6

KOOSTISOSAD
- 2¼ naela / 1 kg kõva valge kalafileed, näiteks merikuradi või hiidlest, nülitud, nööpnõela luud eemaldatud ja 1-tollisteks / 2,5 cm kuubikuteks lõigatud
- 1 tass / 50 g peeneks hakitud lehtpeterselli
- 2 suurt küüslauguküünt, purustatud
- ½ tl tšillihelbeid
- 1 spl värskelt pressitud sidrunimahla
- 2 spl oliiviõli
- soola
- sidruniviilud, serveerimiseks
- 15 kuni 18 pikka bambusest varda, leotatud 1 tund vees
- HAWAYEJ VÜRTSISEGU
- 1 tl musta pipra tera
- 1 tl koriandri seemneid
- 1½ tl köömneid
- 4 tervet nelki
- ½ tl jahvatatud kardemoni
- 1½ tl jahvatatud kurkumit

JUHISED

a) Alusta hawayej seguga. Aseta pipraterad, koriander, köömned ja nelk maitseaineveskisse või uhmrisse ning töötle kuni peeneks jahvatamiseni. Lisa jahvatatud kardemon ja kurkum, sega korralikult läbi ja tõsta suurde segamisnõusse.

b) Pange kala, petersell, küüslauk, tšillihelbed, sidrunimahl ja 1 tl soola kaussi koos hawayej vürtsidega. Sega kätega korralikult läbi, masseerides kala vürtsisegus, kuni kõik tükid on korralikult kaetud. Kata kauss kaanega ja ideaalis jäta 6–12 tunniks külmkappi marineerima. Kui te ei saa seda aega varuda, ärge muretsege; tund peaks ka korras olema.

c) Asetage ribidega pann kõrgele kuumusele ja jätke umbes 4 minutiks kuumaks. Vahepeal keerake kalatükid varrastele, igale 5–6 tükki, jälgides, et tükkide vahele jääks vahed. Pintselda kala õrnalt vähese oliiviõliga ja aseta vardad kuumale küpsetusplaadile 3–4 partiina, et need ei oleks üksteisele liiga lähedal. Grilli mõlemalt poolt umbes 1½ minutit, kuni kala on just läbi küpsenud. Teise võimalusena küpseta neid grillil või broileri all, kus nende küpsemine võtab mõlemalt poolt umbes 2 minutit.

d) Serveeri kohe koos sidruniviiludega.

94. Fricassee salat

Valmistab: 4

KOOSTISOSAD

- 4 rosmariini oksa
- 4 loorberilehte
- 3 spl musta pipart
- umbes 1⅔ tassi / 400 ml ekstra neitsioliiviõli
- 10½ untsi / 300 g tuunikala, ühes või kahes tükis
- 1⅓ naela / 600 g Yukon Gold kartuleid, kooritud ja lõigatud ¾-tollisteks / 2 cm tükkideks
- ½ tl jahvatatud kurkumit
- 5 anšoovisefileed, jämedalt hakitud
- 3 spl harissapastat (poest ostetud võivaata retsepti)
- 4 spl kapparit
- 2 tl peeneks hakitud konserveeritud sidrunikoort, (poest ostetud võivaata retsepti)
- ½ tassi / 60 g musti oliive, kivideta ja poolitatud
- 2 spl värskelt pressitud sidrunimahla
- 5 untsi / 140 g konserveeritud piquillo paprikat (umbes 5 paprikat), rebitud karedateks ribadeks
- 4 suurt muna, kõvaks keedetud, kooritud ja neljaks lõigatud
- 2 väikest kallissalatit (kokku umbes 5 untsi / 140 g), lehed eraldatud ja rebitud
- ⅔ untsi / 20 g lamedate lehtedega peterselli, lehed korjatud ja rebitud
- soola

JUHISED

a) Tuunikala valmistamiseks pane väikesesse kastrulisse rosmariin, loorberilehed ja pipraterad ning lisa oliivõli. Kuumutage õli veidi alla keemistemperatuuri, kui pinnale hakkavad ilmuma väikesed mullid. Lisa ettevaatlikult tuunikala (tuunikala peab olema täielikult kaetud; kui ei, siis kuumuta veel õli ja lisa pannile). Tõsta tulelt ja jäta paariks tunniks kaaneta kõrvale, seejärel kata pann kaanega ja pane vähemalt 24 tunniks külmkappi.

b) Keeda kartuleid koos kurkumiga rohkes soolaga maitsestatud vees 10–12 minutit, kuni need on keedetud. Tühjendage ettevaatlikult, veendudes, et kurkumivett ei valguks (plekke on valus eemaldada!), ja asetage suurde segamisnõusse. Kui kartulid on veel kuumad, lisa anšoovised, harissa, kapparid, konserveeritud sidrun, oliivid, 6 spl / 90 ml tuunikala säilitusõli ja osa õlist saadud pipraterad. Sega õrnalt läbi ja jäta jahtuma.

c) Tõsta tuunikala järelejäänud õlist, murra see suupistesuurusteks tükkideks ja lisa salatile. Lisa sidrunimahl, paprika, munad, salat ja petersell. Segage õrnalt, maitsestage, vajadusel lisage soola ja võib-olla rohkem õli ning serveerige.

95. Krevetid, kammkarbid ja karbid tomati ja fetaga

Valmistab: 4 ALUSTAJANA

KOOSTISOSAD
- 1 tass / 250 ml valget veini
- 2¼ naela / 1 kg karbid, puhastatud
- 3 küüslauguküünt, õhukeselt viilutatud
- 3 spl oliiviõli, lisaks veel lõpetuseks
- 3½ tassi / 600 g kooritud ja tükeldatud Itaalia ploomtomateid (värsked või konserveeritud)
- 1 tl ülipeent suhkrut
- 2 spl hakitud pune
- 1 sidrun
- 7 untsi / 200 g tiigerkrevette, kooritud ja röstitud
- 7 untsi / 200 g suuri kammkarpe (kui väga suured, lõigake horisontaalselt pooleks)
- 4 untsi / 120 g fetajuustu, purustatud ¾-tollisteks / 2 cm tükkideks
- 3 rohelist sibulat, õhukeselt viilutatud
- soola ja värskelt jahvatatud musta pipart

JUHISED

a) Asetage vein keskmisesse kastrulisse ja keetke, kuni see on kolmveerandi võrra vähenenud. Lisage karbid, katke kohe kaanega ja küpseta kõrgel kuumusel umbes 2 minutit, panni aegajalt raputades, kuni karbid avanevad. Tõsta peenele sõelale nõrguma, kogudes keedumahlad kaussi. Visake ära kõik karbid, mis ei avane, seejärel eemaldage ülejäänud osa nende kestadest, jättes soovi korral mõned koos koorega roa viimistlemiseks.

b) Kuumuta ahi temperatuurini 475 °F / 240 °C.

c) Küpseta küüslauku suurel pannil oliiviõlis keskmisel-kõrgel kuumusel umbes 1 minut, kuni see on kuldne. Lisa ettevaatlikult tomatid, merekarp, suhkur, pune ning veidi soola ja pipart. Raseerige sidrunilt 3 kooreriba, lisage need ja hautage tasasel tulel 20–25 minutit, kuni kaste pakseneb. Maitse ja lisa vastavalt vajadusele soola ja pipart. Visake sidrunikoor ära.

d) Lisa krevetid ja kammkarbid, sega õrnalt ja küpseta vaid minut või kaks. Murra kooritud karbid sisse ja tõsta kõik väikesesse ahjuvormi. Uputa fetatükid kastmesse ja puista peale roheline sibul. Soovi korral pange peale mõned koorega karbid ja asetage ahju 3–5 minutiks, kuni pealmine osa värvub veidi ning krevetid ja kammkarbid on just küpsed. Tõsta roog ahjust, pigista peale veidi sidrunimahla ja viimistle tilga oliiviõliga.

96. Lõhepihvid Chraimehi kastmes

Valmistab: 4

KOOSTISOSAD
- ½ tassi / 110 ml päevalilleõli
- 3 spl universaalset jahu
- 4 lõhepihvi, umbes 1 nael / 950 g
- 6 küüslauguküünt, jämedalt hakitud
- 2 tl magusat paprikat
- 1 spl kuivröstitud ja värskelt jahvatatud köömneid
- 1½ tl jahvatatud köömneid
- ümardatud ¼ tl Cayenne'i pipart
- ümardatud ¼ tl jahvatatud kaneeli
- 1 roheline tšilli, jämedalt hakitud
- ⅔ tassi / 150 ml vett
- 3 spl tomatipastat
- 2 tl ülipeent suhkrut
- 1 sidrun, lõigatud 4 viilu, pluss 2 spl värskelt pressitud sidrunimahla
- 2 spl jämedalt hakitud koriandrit
- soola ja värskelt jahvatatud musta pipart

JUHISED

a) Kuumuta 2 supilusikatäit päevalilleõli suurel kuumusel suurel kaanega pannil. Pane jahu madalasse kaussi, maitsesta ohtralt soola ja pipraga ning viska sinna kala. Raputa maha liigne jahu ja prae kala mõlemalt poolt minut-kaks kuni kuldseks. Eemaldage kala ja pühkige pann puhtaks.

b) Asetage küüslauk, vürtsid, tšilli ja 2 supilusikatäit päevalilleõli köögikombaini ja segage, et moodustada paks pasta. Võimalik, et peate lisama veidi rohkem õli, et kõik kokku saada.

c) Valage pannile ülejäänud õli, kuumutage hästi ja lisage vürtsipasta. Sega ja prae vaid 30 sekundit, et vürtsid ei kõrbeks. Vürtside küpsemise peatamiseks lisage kiiresti, kuid ettevaatlikult (võib sülitada!) vesi ja tomatipasta. Kuumuta keemiseni ja lisa suhkur, sidrunimahl, ¾ tl soola ja veidi pipart. Maitsesta maitsestamiseks.

d) Pane kala kastmesse, lase tasasel tulel keeda, kata pann kaanega ja küpseta olenevalt kala suurusest 7–11 minutit, kuni see on just valmis. Tõsta pann tulelt, eemalda kaas ja lase jahtuda. Serveeri kala lihtsalt soojalt või toatemperatuuril. Kaunista iga portsjon koriandri ja sidruniviiluga.

97. Marineeritud magushapu kala

Valmistab: 4

KOOSTISOSAD
- 3 spl oliiviõli
- 2 keskmist sibulat, lõigatud ⅜-tollisteks / 1 cm viiludeks (kokku 3 tassi / 350 g)
- 1 spl koriandri seemneid
- 2 paprikat (1 punane ja 1 kollane), poolitatud pikuti, seemnetest eemaldatud ja lõigatud ⅜ tolli / 1 cm laiusteks ribadeks (3 tassi / kokku 300 g)
- 2 küüslauguküünt, purustatud
- 3 loorberilehte
- 1½ spl karripulbrit
- 3 tomatit, tükeldatud (2 tassi / 320 g kokku)
- 2½ sl suhkrut
- 5 spl siidri äädikat
- 1 nael / 500 g pollocki, tursa, hiidlesta, kilttursa või muud valge kalafileed, jagatud 4 võrdseks tükiks
- maitsestatud universaalne jahu tolmutamiseks
- 2 eriti suurt muna, lahtiklopitud
- ⅓ tassi / 20 g hakitud koriandrit

soola ja värskelt jahvatatud musta pipart

JUHISED

a) Kuumuta ahi temperatuurini 375 °F / 190 °C.
b) Kuumuta 2 supilusikatäit oliiviõli suurel ahjukindlal pannil või Hollandi ahjus keskmisel kuumusel. Lisa sibulad ja koriandriseemned ning küpseta sageli segades 5 minutit. Lisa paprika ja küpseta veel 10 minutit. Lisa küüslauk, loorberilehed, karripulber ja tomatid ning küpseta veel 8 minutit, aeg-ajalt segades. Lisa suhkur, äädikas, 1½ tl soola ja veidi musta pipart ning jätka küpsetamist veel 5 minutit.
c) Samal ajal kuumutage ülejäänud 1 spl õli eraldi praepannil keskmisel-kõrgel kuumusel. Puista kalale veidi soola, kasta jahusse, seejärel munadesse ja prae umbes 3 minutit, korra keerates. Tõsta kala paberrätikutele, et imada üleliigne õli, seejärel lisa koos paprikate ja sibulaga pannile, lükates köögiviljad kõrvale, et kala jääks panni põhja. Lisage nii palju vett, et kala sukelduks (umbes 1 tass / 250 ml) vedelikku.
d) Asetage pann 10–12 minutiks ahju, kuni kala on küps. Eemaldage ahjust ja laske toatemperatuurini jahtuda. Kala saab nüüd serveerida, kuid tegelikult on see parem pärast päeva või paari külmikus seismist. Enne serveerimist maitse ja lisa vajadusel soola ja pipart ning kaunista koriandriga.

98. Punase pipra ja küpsetatud munagaletid

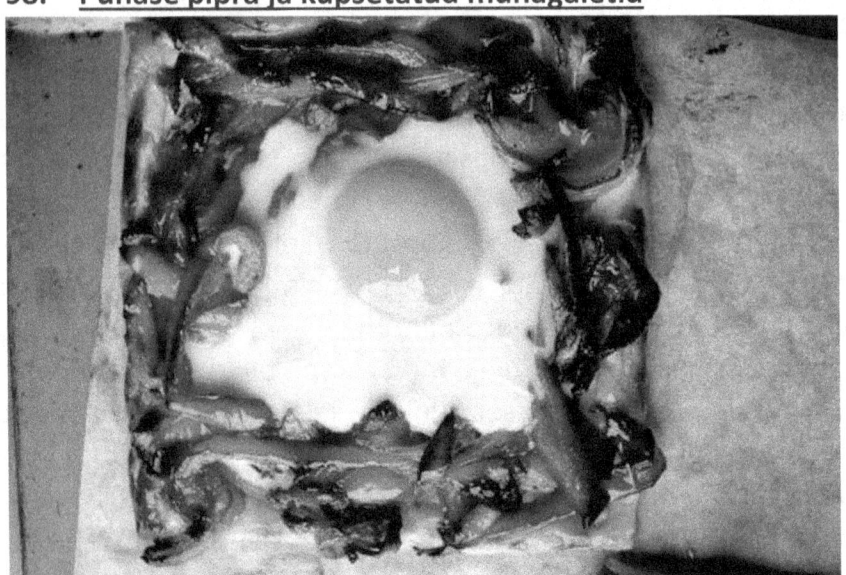

Valmistab: 4

KOOSTISOSAD

- 4 keskmist punast paprikat, poolitatud, seemnetest eemaldatud ja lõigatud ⅜ tolli / 1 cm laiusteks ribadeks
- 3 väikest sibulat, poolitatud ja lõigatud ¾ tolli / 2 cm laiusteks viiludeks
- 4 tüümianioksa, lehed korjatud ja tükeldatud
- 1½ tl jahvatatud koriandrit
- 1½ tl jahvatatud köömneid
- 6 supilusikatäit oliiviõli, pluss viimistluseks
- 1½ spl lamedate lehtedega petersellilehti, jämedalt hakitud
- 1½ spl koriandrilehti, jämedalt hakitud
- 9 untsi / 250 g parima kvaliteediga täisvõine lehttainas
- 2 spl / 30 g hapukoort
- 4 suurt vabapidamisel peetavat muna (või 5½ untsi / 160 g fetajuustu, purustatud) pluss 1 muna, kergelt lahtiklopituna
- soola ja värskelt jahvatatud musta pipart

JUHISED

a) Kuumuta ahi temperatuurini 400 °F / 210 °C. Sega suures kausis kokku paprika, sibul, tüümianilehed, jahvatatud vürtsid, oliiviõli ja hea näpuotsaga soola. Laota röstimispannile laiali ja rösti 35 minutit, küpsetamise ajal paar korda segades. Köögiviljad peaksid olema pehmed ja magusad, kuid mitte liiga krõbedad ega pruunid, sest need küpsevad edasi. Võta ahjust välja ja sega hulka pool värsketest ürtidest. Maitsesta maitsestamist ja tõsta kõrvale. Lülitage ahi temperatuurini 425 °F / 220 °C.

b) Rulli lehttainas kergelt jahusel pinnal 12-tolliseks / 30 cm paksuseks umbes 3 mm paksuseks ruuduks ja lõika neljaks 6-tolliseks / 15 cm ruuduks. Torgake ruudud kahvliga läbi ja asetage need hästi vahedega küpsetuspaberiga kaetud ahjuplaadile. Lase külmikus vähemalt 30 minutit puhata.

c) Võta küpsetis külmkapist ning pintselda pealt ja küljed lahtiklopitud munaga. Kandke nihkelabida või lusika tagaosa abil igale ruudule 1½ teelusikatäit hapukoort, jättes servade ümber 0,5 cm äärise. Aseta 3 supilusikatäit piprasegu hapukoorega kaetud ruutude peale, jättes servad kerkimiseks selgeks. See tuleks jaotada üsna ühtlaselt, kuid jätke keskele madal süvend, et hiljem muna kinni hoida.

d) Küpseta galette 14 minutit. Võta küpsetusplaat ahjust välja ja löö ettevaatlikult terve muna iga saia keskel olevasse süvendisse. Tõsta tagasi ahju ja küpseta veel 7 minutit, kuni munad on tahenenud. Puista peale musta pipart ja ülejäänud ürte ning nirista peale õli. Serveeri korraga.

99. Hannukah Telliskivi

Valmistab: 2

KOOSTISOSAD
- umbes 1 tass / 250 ml päevalilleõli
- 2 ringi feuilles de brick tainast, läbimõõduga 10–12 tolli / 25–30 cm
- 3 spl hakitud lamedate lehtedega peterselli
- 1½ sl hakitud rohelist sibulat, nii rohelist kui ka valget osa
- 2 suurt vabapidamisel peetavat muna
- soola ja värskelt jahvatatud musta pipart

JUHISED
a) Valage päevalilleõli keskmisesse kastrulisse; see peaks tulema umbes ¾ tolli / 2 cm panni külgedest ülespoole. Asetage keskmisele kuumusele ja jätke, kuni õli on kuum. Sa ei taha, et see oleks liiga kuum, vastasel juhul kõrbeb küpsetis enne muna valmimist; õige temperatuuri saavutamisel hakkavad pinnale ilmuma väikesed mullid.
b) Asetage üks taignaring madalasse kaussi. (Kui te ei soovi tainast palju raisata, võite kasutada suuremat tükki ja täita seda rohkem.) Peate kiiresti töötama, et küpsetis ei kuivaks ega muutuks jäigaks. Pane pool petersellist ringi keskele ja puista peale pool rohelisest sibulast. Looge muna puhkamiseks väike pesa, seejärel lööge muna ettevaatlikult pessa. Puista üle ohtralt soola ja pipraga ning murra saia küljed kokku, et tekiks pakk. Neli volti kattuvad nii, et muna on täielikult suletud. Sa ei saa tainast pitseerida, kuid korralik volt peaks muna sees hoidma.
c) Pöörake pakk ettevaatlikult ümber ja asetage see õrnalt õli sisse, suletav pool all. Küpseta 60–90 sekundit mõlemalt poolt, kuni küpsetis on kuldpruun. Munavalge peaks hanguma ja munakollane veel vedel. Tõsta küpsenud pakk õlist välja ja aseta paberrätikute vahele, et liigne õli imada. Hoidke teise saia küpsetamise ajal soojas. Serveeri mõlemad pakid korraga.

100. Sfiha või Lahm Bi'ajeen

Valmistab: Umbes 14 saiakest

TOPPING

KOOSTISOSAD
- 9 untsi / 250 g jahvatatud lambaliha
- 1 suur sibul, peeneks hakitud (1 kuhjaga tass / kokku 180 g)
- 2 keskmist tomatit, peeneks hakitud (1½ tassi / 250 g)
- 3 spl heledat tahini pastat
- 1¼ tl soola
- 1 tl jahvatatud kaneeli
- 1 tl jahvatatud piment
- ⅛ tl cayenne'i pipart
- 1 unts / 25 g lamedate lehtedega peterselli, hakitud
- 1 spl värskelt pressitud sidrunimahla
- 1 spl granaatõuna melassi
- 1 spl sumakit
- 3 spl / 25 g piiniaseemneid
- 2 sidrunit, viiludeks lõigatud

TAIGAS
- 1⅔ tassi / 230 g leivajahu
- 1½ sl piimapulbrit
- ½ spl soola
- 1½ tl kiiresti kerkivat aktiivset kuivpärmi
- ½ tl küpsetuspulbrit
- 1 spl suhkrut
- ½ tassi / 125 ml päevalilleõli
- 1 suur vabapidamisel peetav muna
- ½ tassi / 110 ml leiget vett
- oliiviõli, harjamiseks

JUHISED

a) Alusta tainast. Pane jahu, piimapulber, sool, pärm, küpsetuspulber ja suhkur suurde segamisnõusse. Segage segu hästi, seejärel tehke keskele süvend. Valage kaevu päevalilleõli ja muna, seejärel segage vett lisades. Kui tainas on kokku tulnud, tõsta see tööpinnale ja sõtku 3 minutit, kuni tainas on elastne ja ühtlane. Pane kaussi, pintselda veidi oliiviõliga, kata sooja kohta rätikuga ja jäta 1 tunniks seisma, siis peaks tainas olema veidi kerkinud.

b) Eraldi kausis segage kätega kokku kõik katte koostisosad, välja arvatud piiniapähklid ja sidruniviilud. Kõrvale panema.

c) Kuumuta ahi temperatuurini 450 °F / 230 °C. Vooderda suur ahjuplaat küpsetuspaberiga.

d) Jaga kerkinud tainas 50g pallideks; teil peaks olema umbes 14. Rullige iga pall välja umbes 5 tolli / 12 cm läbimõõduga ja 2 mm paksuseks ringiks. Pintselda iga ringi mõlemalt poolt kergelt oliiviõliga ja aseta ahjuplaadile. Kata ja jäta 15 minutiks kerkima.

e) Jaga lusikaga täidis küpsetiste vahel ja aja see ühtlaselt laiali, nii et see kataks taigna täielikult. Puista peale piiniaseemned. Tõsta veel 15 minutiks kõrvale kerkima, seejärel pane umbes 15 minutiks ahju, kuni see on just küpsenud. Tahad veenduda, et küpsetis on just küpsetatud, mitte üleküpsetatud; kate peaks olema seest õrnalt roosa ja küpsetis pealt kuldne. Võta ahjust välja ja serveeri soojalt või toatemperatuuril koos sidruniviiludega.

KOKKUVÕTE

Hanuka retseptid on selle erilise püha tähistamise oluline osa. Nad toovad kokku pered ja sõbrad, et nautida maitsvaid traditsioonilisi roogasid, mis on põlvkondade kaupa edasi antud. Need retseptid on täis maitset ja sümboolikat alates krõbedatest latkedest kuni magusa sufganiyotini. Need esindavad õli imet, perekondlike koosviibimiste soojust ja traditsioonidest läbi imbunud püha tähistamise rõõmu. Ükskõik, kas tähistate Hanukat või soovite lihtsalt midagi uut proovida, on need retseptid suurepärane viis juudi kultuuri ja köögi rikkuse ja sügavuse kogemiseks.

www.ingramcontent.com/pod-product-compliance
Lightning Source LLC
LaVergne TN
LVHW021656060526
838200LV00050B/2383